大夏书系·全国幼儿教师培训用书

儿童
学习与发展
评价

管旅华 纪秀君

主编

华东师范大学出版社
全国百佳图书出版单位
·上海·

图书在版编目（CIP）数据

儿童学习与发展评价 / 管旅华，纪秀君主编 . —上海：华东师范大学出版社，2021
ISBN 978 - 7 - 5760 - 1272 - 9

Ⅰ.①儿…　Ⅱ.①管…②纪…　Ⅲ.①学前教育—教学参考资料　Ⅳ.① G613

中国版本图书馆 CIP 数据核字（2021）第 030253 号

大夏书系·全国幼儿教师培训用书

儿童学习与发展评价

主　　编	管旅华　纪秀君
策划编辑	李永梅
责任编辑	万丽丽
责任校对	杨　坤
封面设计	奇文云海·设计顾问

出版发行	华东师范大学出版社
社　　址	上海市中山北路 3663 号　邮编　200062
网　　址	www.ecnupress.com.cn
电　　话	021 - 60821666
客服电话	021 - 62865537
邮购电话	021 - 62869887　地址　上海市中山北路 3663 号华东师范大学校内先锋路口
网　　店	http：//hdsdcbs.tmall.com

印 刷 者	北京季蜂印刷有限公司
开　　本	700×1000　16 开
插　　页	1
印　　张	12
字　　数	155 千字
版　　次	2021 年 3 月第一版
印　　次	2021 年 3 月第一次
印　　数	6 100
书　　号	ISBN 978 - 7 - 5760 - 1272 - 9
定　　价	49.80 元

出 版 人	王　焰

目 录
contents

序 / 001

呵护核心素养的种子生根发芽 / 余 琳 003

※ 知识链接：教育评价的功能 / 009

转变评价语言，激活幼儿成长动力 / 施林红 011

※ 知识链接：教育评价的类型 / 016

追随幼儿开启快乐活动之旅 / 陈丹琴 017

※ 知识链接：诊断性评价 / 023

融入探究活动的有意义评价 / 韦 超 024

※ 知识链接：形成性评价与终结性评价 / 029

观察在前、支持在后的区域评价 / 李芳 胡中天 031

※ 知识链接：教育性评价的六个准则 / 036

隐性评价从沉默走向对话 / 聂洋溢 037

※ 知识链接：教师进行评价首先要学会观察 / 040

孩子的画告诉我们什么 / 朱 瑶 042

※ 知识链接：教师要成为评价专家 / 051

第2辑 调整评价方式

"我的发展要项"是怎样炼成的 / 崔利玲　055
※ 知识链接：课程评价的模式 / 059

读童画，知童心 / 程海霞　黄蓉蓉　061
※ 知识链接：课程评价模式——目标评价模式 / 067

正面评价唤醒幼儿美术表现力 / 朱　瑶　069
※ 知识链接：课程评价模式——目的游离评价模式 / 075

"不评价"策略呵护幼儿的绘画兴趣 / 徐敏娟　077
※ 知识链接：课程评价模式——CIPP 评价模式 / 083

巧用评价，引导幼儿主动学会测量 / 王　怡　085
※ 知识链接：课堂评价的功能 / 091

巧设情境，学看日历 / 吴巧莲　092
※ 知识链接：教学评价的必要性 / 098

细化目标，开展有效的幼儿发展评价 / 黄雯君　100
※ 知识链接：教学与测评的关系 / 106

"故事汇"：实施效果评价，让儿童的发展看得见 / 何　妨　108
※ 知识链接：评价应考虑的关键问题 / 116

重视过程性评价在语画课程中的重要价值 / 金　文　117
※ 知识链接：评价中的反馈 / 124

成长档案：为幼儿发展评价留痕 / 但菲　郝爽　126
※ 知识链接：作为评价证据的成长记录袋的基本含义 / 129

第3辑

推动合作评价

小主人议事厅：支持儿童参与评价 / 叶小红　133

※ 知识链接：评价具有教育性 /　139

同伴评价催生隐性师幼互动 / 许倩　朱瑶　140

※ 知识链接：幼儿评价中的尊重性 /　148

我来给你变张"大花脸" / 陈慧虹　150

※ 知识链接：幼儿评价要素 /　156

告别教师"独角戏"式评价 / 曾晓滢　原晋霞　157

※ 知识链接：为什么要开展评价 /　160

用总结性评价给课程"体检" / 冯伟群　162

※ 知识链接：澳大利亚教师专业标准中评价领域的内容 /　168

以目标为导向的幼儿园主题课程评价 / 高美娇　169

※ 知识链接：英国教师专业标准中评价领域的内容 /　173

多方评价到位，主题课程生机勃勃 / 陈月文　174

※ 知识链接：美国教师专业标准中评价领域的内容 /　180

序

《幼儿园教育指导纲要（试行）》指出："教育评价是幼儿园教育工作的重要组成部分，是了解教育的适宜性、有效性，调整和改进工作，促进每一个幼儿发展，提高教育质量的必要手段。""管理人员、教师、幼儿及其家长均是幼儿园教育评价工作的参与者。评价过程是各方共同参与、相互支持与合作的过程。""评价的过程，是教师运用专业知识审视教育实践，发现、分析、研究、解决问题的过程，也是其自我成长的重要途径。"

《幼儿园教师专业标准》要求"关注幼儿日常表现，及时发现和赏识每个幼儿的点滴进步，注重激发和保护幼儿的积极性、自信心"，"有效运用观察、谈话、家园联系、作品分析等多种方法，客观地、全面地了解和评价幼儿"，"有效运用评价结果，指导下一步教育活动的开展"。

《3—6岁儿童学习与发展指南》（下简称《指南》）要求"尊重幼儿发展的个体差异。既要准确把握幼儿发展的阶段性特征，又要充分尊重幼儿发展连续性进程上的个别差异，支持和引导每个幼儿从原有水平向更高水平发展，按照自身的速度和方式到达《指南》呈现的发展'阶梯'，切忌用一把'尺子'衡量所有幼儿"。

"教育评价是幼儿园教育工作的重要组成部分"，如何评价，才能"支持和引导每个幼儿从原有水平向更高水平发展"，是很多学前教育工作者的困惑。本书邀约名园名师，以他们的实践探索，尝试解答这一难题。信息化、网络化及迅猛发展的人工智能，冲击、影响着我们的教育，只有离开舒适区，改变评价理念，调整评价方式，推动合作评价，提高自身素养与专业能力，才能支持幼儿的学习与发展，让其适应不断变化的未来社会。

改变评价理念：不仅关注知识技能，还要重视非智力因素

《指南》提出，要关注幼儿身心全面和谐发展，尊重幼儿发展的个体差异，准确界定幼儿学习与发展目标。相较于知识技能的获取，形成适应终身发展与社会发展需要的必备品格与关键能力更为重要，这是对幼儿实施评价的关键点。"小学化"倾向、应试教育等导致的盲目追求"提前学习""超前教育"的现象，是普遍存在的。很多幼儿教师已经习惯待在依据对知识技能的掌握进行评价的舒适区域，忽略幼儿非智力因素层面的培育，如社会和情感发展、思考和解决问题的能力等。待在舒适区域，看似省去不少麻烦，但缺乏正确的教育观念，早已偏离了方向。

有效支持幼儿的学习与发展，要弄明白评价的目的。对幼儿的评价应该指向提升，而不是宣判。幼儿教师应该支持和引导每个幼儿从原有水平向更高水平发展。令人遗憾的是，传统的评价往往过分强调幼儿没有达成目标或不如他人的那一面。评价本该是雪中送炭，现在却是雪上加霜，导致不少幼儿直至长大成人，都无法发现自己的才能，更不要说欣赏和丰富自己的才能。他们轻易地否定自己，很容易就放弃。为此，幼儿教师要从不同角度促进幼儿全面协调发展，通过有效评价，把幼儿存在的问题和缺点变成他的发展项。同时，要雪中送炭、锦上添花，使每个带着希望而来的幼儿都感觉到自己是有价值的，是受尊重、被欣赏的，这样他们才能在今后的生活与学习中，信心百倍地发展自己的能力。

调整评价方式：在真实情境中进行综合、全面、多元、开放的评价

有效支持幼儿的学习与发展，必须变偏重知识与技能的传统评价为综合、全面、多元、开放的评价。传统的评价方式比较单一，往往有预设甚至固定的答案和标准，教师觉得比较容易掌控。幼儿有一百种语言，有一百种思考、游戏及说话的方式，教师不能仅凭个人喜好和现有认知水平进行评价，应该离开舒适区，不照本宣科，不拘泥于一格，关注幼儿的个人品质、兴趣爱好、人际交往能力等，实施多种模式的评价，包容似是而非的两难答案，允许旁逸斜出、乱说乱画，让评价充分反映出幼儿的天赋与能力。

"教育只有一个主题，那就是五彩缤纷的生活。"（怀特海）对幼儿的评价须在真实情境中进行；假的、形式主义的情境，本质上是一种传统学习的变式。幼儿教师要珍视幼儿生活和游戏的独特价值，创设丰富的教育环境，最大限度地支持和满足幼儿通过直接感知、实际操作和亲身体验获取经验的需要。评价与幼儿的兴趣、能力以及未来相联系。幼儿只有在真实的世界里生活和学习，才能成为充满生机和活力的学习者。幼儿教师可以通过观察、讨论、展示、同伴或自我评估、成长记录档案袋等方式，收集幼儿在不同场合、不同时间的多方面内容，实现对幼儿学习与发展水平全面而到位的评价。

推动合作评价：让合作评价者真正参与到改革的对话中来

有效支持幼儿的学习与发展，幼儿教师须着手推动合作评价。幼儿教师要与幼儿，以及幼儿的同伴、家长、其他老师和社区成员一起，建立共

同的评价体系。教师要让合作评价者真正参与到评价改革的对话中来，集思广益，相互支持，相互尊重，而不是流于形式，成为点缀或走秀。

幼儿作为积极参与者和主动学习者，一旦成为教师的评价伙伴，学习动力就会得到激发。学习是终身的，评价必须适应这种自主的终身学习模式。教师要为幼儿创造更多自我评价的机会，让幼儿的行动得到及时反馈，利用评价了解自己的优势与不足，感受自己的进步，发展自己的能力。这样可有效促进幼儿从已有的知识经验出发，按照自身的速度和方式到达《指南》呈现的发展"阶梯"。

同样，不可忽视幼儿的同伴、家长、其他老师和社区成员的积极参与评价对幼儿成长所起的作用。幼儿与同伴一起学习，学习与评价密不可分。同伴评价让幼儿觉得自己的行动被重视、被了解而受到鼓舞，学会倾听，相互帮助，愉快成长。家长在幼儿学习与生活中的参与度越高，幼儿取得成功的可能性越大。幼儿园和家庭教育相互承接，相互阐发，相互延展，因此，教师要推动家长多参与，一起探索幼儿的兴趣和能力所在，并通过评价，激发幼儿的潜能，开发幼儿的天赋，弥补不足。教师还要重视其他老师的评价，建立学习型组织，通过学习、交流，增进了解、加深友谊，形成更多的互相学习的机会。社区成员参与评价，幼儿置身社会情境，更有利于将知识贯通和综合，培养他们解决问题的能力和创造能力。

如何评价才能真正支持幼儿的学习与发展，没有现成、固定、通用的模式或方法，需要大家以实际行动积极探索。面对未来教育，越早积累经验，越有助于幼儿的长远发展和教师的专业成长。我们必须富有创造性地、充满干劲地在真实情境中体验、浸润，在行动中研究行动，在评价中研究评价。

2020 年 4 月

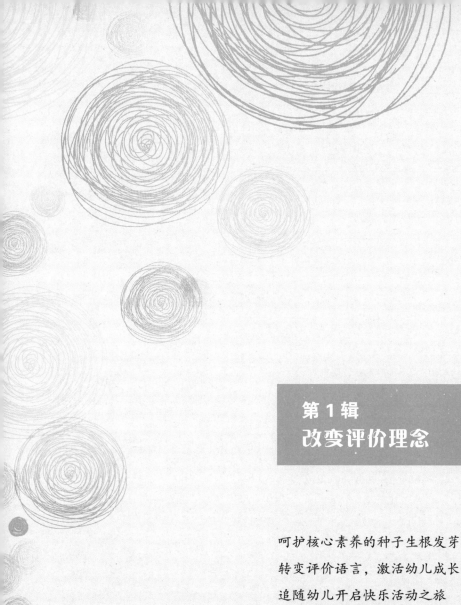

第 1 辑
改变评价理念

呵护核心素养的种子生根发芽

转变评价语言，激活幼儿成长动力

追随幼儿开启快乐活动之旅

融入探究活动的有意义评价

观察在前、支持在后的区域评价

隐性评价从沉默走向对话

孩子的画告诉我们什么

呵护核心素养的种子生根发芽

幼儿园的教育应支持儿童发展能够让他们有自信面对未来各种挑战的核心素养。这就需要教师对儿童学习与发展的评价聚焦儿童的核心素养。

一、核心素养的三颗种子

幼儿园阶段是人核心素养发展的"种子期",素养的种子包括友善、思考和独立。

道德决定做人的方向,决定人性的美好,如友善、诚信、尽责、担当等。儿童在道德领域的种子是友善。

能力促使人持续改变,不断发展与超越,如反思、求异、创造等。儿童在能力领域的种子是思考。

情意是人的动力系统,人生高度的底子,如独立、自信、坚持等。儿童在情意领域的种子是独立。

三颗种子相对独立又相互依存,形成素养发展的"种子体",凝聚为强大的生命内核,为人的素养——自信与诚信、进取与尽责、坚持与担当、反思与发现等的全面形成,提供持续的生发动力。

二、为幼儿的学习与发展而评价

评价是教师重要的教育手段和指导策略，如何评价才能帮助幼儿核心素养的三颗种子生根发芽呢？

第一，为树立学前儿童自我积极的学习者形象而评价。对学前儿童学习与发展的评价，最主要的目的是更好地促进儿童的学习与发展，应以"发现优点、发现能做的和感兴趣的"为切入点，重点记录幼儿的兴趣和优势，聚焦在学前儿童核心素养上，如坚持性、创意性、合作性等。通过捕捉儿童一个个令人惊喜的、有价值的学习过程，构建学前儿童作为学习者的积极的自我形象，为学前儿童的终身发展做好准备。这一价值追求应成为幼儿园对儿童学习与发展评价的起点与归宿。

第二，为形成促进学前儿童学习支持共同体而评价。对学前儿童学习与发展的评价应注重联合家庭和社区，形成支持儿童学习与发展的共同体。一是家长参与，这不仅能加深家长对幼儿学习与发展的了解，也能让家长对幼儿的发展期待聚焦在培养核心素养上。二是教师评价与儿童评价整合，形成教师支持与儿童自我激励相加的支持共同体。三是同伴评价与家庭评价相结合，形成同伴力量与家长支持相加的支持共同体。

第三，为聚焦学前儿童核心素养的培育而评价。友善、独立、思考是我们期望儿童在幼儿期埋下的核心素养的种子。教师和家长要明确这三种素养在幼儿行为中的具体表现，围绕这些素养展开评价。

之所以明确这三种素养在幼儿行为中的具体体现，是因为评价时，教师或家长很容易关注到幼儿那些可观察的行为表现。比如，"幼儿愿意与他人讨论问题，并能有序连贯清楚地表达自己的想法"，却容易忽视该行为背后隐藏的幼儿的良好素养，如包含的乐意与人亲近（友善）、有自己的想法（独立）、思维清晰（思考）等素养。

第四，为保证考核相对科学、客观而评价。幼儿的学习与发展不是一蹴而就的，尤其是核心素养的形成与发展，它是一个逐渐积累、由量变到质变的过程。因此，对幼儿的观察记录不能是一次性的、零散的，而是应该运用多种方式，系统地、持续地观察，挖掘出幼儿学习活动背后表现出的核心素养线索，做出解释和相应的判断，为评价提供完整和有效的佐证材料。

不同幼儿的核心素养发展具有差异性，其形成时期、发展速度和程度也不尽相同，这就需要教师眼中有幼儿，能关注到每个幼儿不同的闪光点，不以一把"标尺"衡量所有幼儿，而是强调幼儿个体核心素养的纵向阶梯式成长。

三、叙事性评价助力素养表达

2016 年 3 月 6 日

班级结构游戏在孩子们的手中又有了新的玩法，孩子们把螺丝系列玩具中的两块或三块条形材料交错叠在一起，先找到中心点，然后用螺丝固定成陀螺。

博博的陀螺底部有三个支点，和大家的比起来，明显转得慢一些。博博说："我知道我的陀螺有三个支点，我就是想和大家的不一样。"他很有自己的想法，真棒！我建议道："如果设计一个与大家不同但又转得快的陀螺会不会更让你满意呢？"博博说："那我干脆拆了重新做一个吧。"陀螺很快改装好了，原先左边和右边的支点被换成比较矮的螺丝。博博真的是一个善于思考、喜欢动手操作、乐于创新的孩子。看着陀螺飞快地旋转起来，博博兴奋地说道："这下两边的螺丝都成了装饰，我好喜欢！"并给它取名为第二代陀螺。

一起商量陀螺组装的新方法（张骁萌　摄）

第一代陀螺

第二代陀螺

2016 年 3 月 10 日

几天来，博博一直专注地陶醉在自己的陀螺世界里，还在家查阅了很多书籍。今天，他又发明了第三代陀螺，可以一次转动两个大小不同的陀螺。博博还被小朋友们封为我们班的"陀螺专家"。我常常能看到他热心帮助小朋友们制作陀螺的身影。

第三代陀螺

2016 年 3 月 26 日

今天，博博在原有的大陀螺上面又用螺丝加固了一层同样长度的陀螺，然后在上面一层的陀螺两端再装上几块雪花片。红、蓝、黄三种颜色的雪花片让陀螺转起来的样子像极了彩虹。博博的"第四代陀螺"就这样诞生了。

第四代陀螺

旋转的第四代陀螺

博博，老师为你持续不断有自己的想法并努力实现的勇气所感动，你表现出的动手能力实在让我惊叹！你的自信、有主见、乐于分享，也同样让我赞赏。

素养表达贯穿评价始终。在这个过程中，博博始终是学习的主角，教师用叙事的形式，描述了由三个不同的学习事件组成的一个持续的学习过程。

3月6日，教师关注和描述的是博博想办法制作出和其他小朋友不一样的陀螺，评价的是能独立思考的博博；3月10日，教师主要描述的是博博持续制作不同的陀螺及帮助小朋友制作陀螺，主要评价的是爱思考和帮助同伴的博博；3月26日，面对博博制作了一个新陀螺的成果，教师评价的关键是博博的善思与坚持。在这样持续的叙事记录的过程中，一个独立有主见、专注又友善的幼儿形象变得生动又清晰。此案例有以下启示：

第一，优势与兴趣是评价重点。为什么要记录博博的这些学习时刻？关注幼儿的优势和兴趣，是教师评价幼儿的重点。教师发现并记录的是幼儿愿意做的事情，并对学习过程中孩子表现出的想法和意图、方法和策略，以及幼儿的核心素养尤为感兴趣，在这些基础上给予幼儿时间、空间、信任、理解和放手的权利来回应幼儿的学习需求，让幼儿主导自己的学习，发挥优势，实现心中的想法。由此可见，幼儿的优势、兴趣和想法是促进博博一步步学习和探究陀螺"进化"的出发点。

第二，分享与回顾让评价流动。将教师描述的幼儿学习过程在全班分享，或与幼儿家人分享，能有意识地帮助幼儿强化核心素养与建构积极的自我形象。通过博博的学习过程不难发现，这其实是融合了幼儿与教师、幼儿与家长、幼儿园与家庭的学习旅程。在分享、回顾此案例的过程中，教师、家庭成员和其他聆听者的评价都能对幼儿产生潜移默化的作用，让幼儿的核心素养慢慢地生根发芽。

（余琳　成都市第十六幼儿园）

知识链接　**教育评价的功能**

教育评价的功能是指教育评价所能发挥的作用与影响。教育评价能够发挥多种作用，具有导向、鉴定、激励、改进、管理、研究等功能。

1. 导向功能。教育评价是根据确定的教育目标和价值标准对教育活动及其结果进行的价值判断。对被评价对象来说，教育评价能起到引导和控制被评价对象的行为，使其按照目标努力，从而保证教育目标的实现。教育评价的导向作用可以把教育活动引导到既符合社会发展规律又满足个体发展需要的目标上。

2. 鉴定功能。鉴定意味着对教育活动的成效进行甄别，具有选拔、分等的效能。评价结果对于同类评价对象之间的优劣具有重要作用。鉴定的对象可以是学生、教师，也可以是教育方案或教育机构，如对学生的学力鉴定、对教师的工作成效鉴定、对学校办学水平的鉴定等。鉴定是教育评价的重要功能之一，但却非评价的根本目的。评价的根本目的在于改进和提高教育质量，促进学生、教师的发展，而不是仅仅为了对评价对象进行选拔、分等。

3. 激励功能。教育评价是一种对教育活动及其结果的价值判断，它不仅能够提供反馈信息，而且能激发和调动被评价者的积极性：知道工作做得好，使被评价者倍加努力；知道工作做得不好，使被评价者总结经验教训。激励可以是主动的，也可以是被动的，最有效的是主动的自我激励。教育评价中的自我评价就是自我激励必不可少的重要手段。

4. 改进功能。教育活动是一个不断发展变化的动态过程，需要不断改进和完善。教育评价本身就是改进教育活动的表现，被评价者中哪些没有达到目标，为其找原因，以便改进工作。改进是各教育评价的主要功能，它不仅对整个教育工作有重要作用，而且对课程改革、教师水平的提高、学生综合素质的提高都有重要意义。

5. 管理功能。现代教育评价已成为各国和各级教育行政机构、学校自身加强对教育事业宏观管理和各类学校内部微观管理的有效手段。因为良好的教育评价采用科学的评价手段和方法，对评价对象进行定性和定量分析，能够客观、公正地反映被评价对象的实际情况，既能为决策部门提供信息，又能检查其决策的执行情况。

6. 研究功能。教育评价是一个复杂的过程，本身就具有教育研究价值。教育评价的方法、信息的搜集与处理、结果的分析与反馈等，都含有丰富的教育研究因素。

——《课程改革与教育评价》

赵必华　查啸虎　主编

转变评价语言，激活幼儿成长动力

　　教育评价是幼儿园教育工作的重要组成部分，是促进每一个幼儿发展、提高教育质量的必要手段。正处于自我概念建立初级阶段的幼儿，尚缺乏自我评价能力，对父母和教师的评价反馈依赖性较强。从某种程度上说，重要他人——父母和教师的评价对幼儿自我与个性的发展起着重要影响。

　　在幼儿园自主性美术活动中，教师应如何发挥评价的积极意义，促进活动顺利开展和幼儿身心发展？大班的这次自主性美术活动"我想养只大恐龙"，将会带领我们进一步思考问题的答案。

恐龙主题墙

一、活动开始时，用尊重、平等的语言激励幼儿

大班围绕绘本《我想养只大恐龙》开展了主题活动。幼儿在阅读绘本和参观博物馆恐龙展后，都设计了自己的恐龙，并在美工区制作恐龙。今天的区域活动时间到了，乐乐拿着自己的设计稿走进美工区，他摸摸这个，看看那个，一直没有动手。过了一会儿，他愁眉苦脸地向老师发出求救信号："老师，我不会做。"老师看了看说："你看东东是怎么做的，可以请东东帮帮你……"乐乐转而向东东求救："东东，我不会做……"

从上述幼儿的后续行为来看，教师的评价没有真正帮助幼儿解决当下遭遇的"我不会做"这个难题，只是将问题进行转移，无形中加剧了幼儿的不安和焦虑。那么，教师可以怎么做呢？首先，在心理上帮幼儿解围，如对幼儿说："别着急，这看上去确实有点难。""我也在想这个问题，我们一起来试一试吧！"接纳幼儿当下的感受，帮助幼儿卸下包袱。其次，给幼儿一些具体的建议，如："你的恐龙长什么样子，有什么特

老师和孩子们一起寻找制作恐龙的材料

点？""找一找它的身体可以用什么材料来做？""我们拿一个纸盒试试，这个纸盒看上去像恐龙的什么部位呢？"

当教师的评价建立在感同身受、换位思考的基础上，就能给幼儿传达一种尊重、平等的价值观，使幼儿获得安全感，并能有信心、有兴趣投入活动。

二、活动过程中，用促发思考的语言创造可能

经过几次努力，幼儿用材料制作了各式各样的恐龙，有轻质黏土制作的恐龙，有橡皮泥制作的恐龙，还有保丽龙球和牙签制作的恐龙。可是这些恐龙东倒西歪的，怎么也立不住。于是，幼儿向老师求助："老师，恐龙总是倒下来，怎么办？"老师说："那我们把恐龙的脚做得大一点、粗一点，试一试……"于是，幼儿在老师的引导下开始为恐龙"换"脚。

教师的回应似乎得到了幼儿的积极响应，大家开始了新的制作活动。但从另一层面来讲，这样的评价趋于简单化、表面化，忽视了幼儿个性的发展，将问题的解决方式限定在教师经验上。那么，更恰当的回应是怎样的呢？一是引导幼儿分析问题产生的原因，如："恐龙为什么站不起来呢？"二是引导幼儿思考如何解决问题，如："我们可以用什么材料帮助恐龙站起来呢？""看看我们周围那些站得稳稳的东西，有什么秘密呢？"这样的评价给幼儿创设了问题情境，促进幼儿围绕问题的解决进行开放式思考，是一种尊重儿童经验、相信儿童有能力解决问题、激发思考的评价。

幼儿不满足于做小恐龙，他们找来各种材料准备做一只大恐龙。在固定纸箱的时候，有的幼儿拿来了双面胶，有的拿来了胶水。明明却从木艺馆找来钉子和锤子，准备用钉子来钉，教师看见了，马上走上前对明明说："钉子是用来钉纸箱的吗？"明明看着老师不知所措。

幼儿进行各种尝试时，难免会出现一些不合乎常理的行为。这个时候，教师会忍不住上前阻止，长此以往，不仅会挫伤幼儿的自信心和探究动机，还可能造成幼儿"习得性无助"。那么，既不打击幼儿的积极性，又能对幼儿的学习有积极的引导，教师应该怎么做呢？在上述行动中，教师可以说："纸箱一般是用什么粘贴的呢？用钉子钉纸箱不知道会怎么样……"或是试图建议他换个角度思考："除了用钉子钉纸箱，还有什么办法呢？"

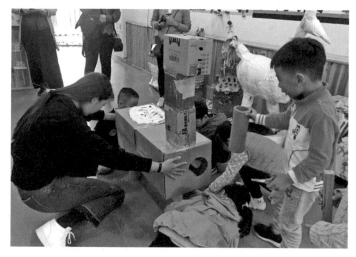

制作恐龙

在自主性美术活动中，教师不要怕出现问题，不要担心孩子解决不了问题，闭上嘴，管住手，睁大眼，竖起耳，细心观察，要做到既尊重幼儿的创新尝试，又启发幼儿联系已有经验思考，让幼儿在平等、自由的探究氛围中敢想、敢说、敢做，培养他们独立思考的习惯和勇于面对困难的勇气，从而促进探究的积极性和能力的发展。

三、活动结束时，注重过程中的语言导向成长

大恐龙做好了，教师组织幼儿分享："小朋友们，你们喜欢这个大恐龙吗？最喜欢这个大恐龙的哪里？为什么？"有的幼儿说："我喜欢它的头，因为它的眼睛很滑稽。"有的幼儿说："我喜欢它身上的颜色，红色的，像一个喷火龙。"还有的幼儿说："我喜欢它身上一个一个像剑一样的刺……"幼儿你一言我一语地把恐龙说了个遍，老师以一句"我们大家给这个大恐龙取个好听的名字吧"结束了这次活动。

教师组织评价时，将重点放在创作结果即作品上，而忽视了对制作过程中幼儿表现出来的心智倾向性的关注。实际上，在自主性美术活动中，当评价的重心由关注美术作品的专业性转向幼儿的创新性、得体的行为表达、参与活动的情绪、创作状态、工作习惯、创作语言与思维方式等看似与美术作品关联不紧密的能力时，幼儿将更自主、自信、独立、认真、坚持、专注……

因此，创作完成后，教师可以鼓励幼儿尝试用自己的语言分享创作过程和彼此的经验，欣赏同伴的创意，讨论共同关心的问题，在与同伴、教师的分享、交流、讨论、欣赏中学会反思，汲取经验。如："你能向大家介绍一下你的制作方法吗？""你遇到了什么困难，是怎么解决的？""遇到困难时，你心里是怎么想的？""下一次，你还想怎么做？"

幼儿在倾听和分享中取长补短，不断丰富自己的经验，让自己的想法和认识与其他幼儿相磨合，认识并接受这样的差异，从而构建自己的认知方式。如果评价包含培养幼儿的创作兴趣、想象力、创造力以及解决问题的能力等，幼儿能积极地表达自己的想法和见解，有一定的成就感，就会增加他再次创作的欲望。

虽然教师在自主性活动中的评价行为是随机的、即时的，不如正式

评价那么具有计划性、目的性和系统性，却是最真实，最贴近生活，与幼儿情绪、情感、认知、自我等发展状态息息相关，更是一种生命的内在诉求。教师的积极评价会给幼儿带来对自我的积极评价，反之，则是消极评价。因此，教师要转变对儿童的看法，建立正确的儿童观，从内心真正认可儿童是有能力、有自信的学习者和沟通者，转变语言的价值观。正如孩子有"一百种语言"，期待教师的评价也能创造出一百种可能与精彩。

（施林红　杭州市万家星城幼儿园）

知识链接　教育评价的类型

区分教育评价的类型，可以把握和运用教育评价，为教育实践服务。

1.按照评价对象，可将教育评价分为学生评价、教师评价、课程与教学评价和学校评价。

2.按照评价的参照标准或反馈策略，可将教育评价分为相对评价和绝对评价。

3.根据评价主体，教育评价分为自我评价和他人评价。

4.根据评价的目的与进行时间，教育评价分为诊断性评价、形成性评价和总结性评价。

5.根据评价是否采用数学方法，将评价分为定性评价与定量评价两种类型。

——《课程改革与教育评价》

赵必华　查啸虎　主编

追随幼儿开启快乐活动之旅

评价是我园田野课程实践中的重要环节，对课程实施起着一定的导向和质量监控作用，能自然地融入幼儿的一日活动。

实践中，教师会尊重幼儿的成长步调，通过多种方式观察幼儿：他在做什么？发生了什么样的学习？他的个性和能力是否得到发展？他发展的下一步是什么？要如何支持？教师在观察与评价中了解幼儿发展的过程，判断田野课程计划是否适宜、符合幼儿的需要，有哪些地方需要调整。教师据此做出关于幼儿发展和课程实施的决策，从而灵活实施课程，不断促进幼儿经验的发展。

这个春天，因为遇见蜗牛，教师基于评价追随幼儿，师生开启了一段快乐的蜗牛活动之旅。

一、在评价中了解幼儿兴趣，顺应其发展规律

《幼儿园教育指导纲要（试行）》指出，"善于发现幼儿感兴趣的事物、游戏和偶发事件中所隐含的教育价值，把握时机，积极引导"。幼儿感兴趣的事情很多，教师需要在评价中了解、分析、判断，挖掘教育价值生成活动，满足幼儿的发展需求。

种植园地活动中，幼儿发现了一只大蜗牛，立刻被吸引了，围着蜗牛七嘴八舌地说着自己的发现，还把蜗牛带到了班级，围着它继续交流。

蜗牛牵动着孩子们的心，有的孩子还在旁边画起了它。在这个过程中，教师一边观察一边用录音笔记录。事后，班级教师一起听录音，交流审议。教师发现，幼儿的交流围绕着蜗牛的样子和行动方式，他们画的蜗牛也表现了蜗牛最基本的特征。这是源自幼儿对蜗牛的兴趣，体现了他们对蜗牛有了初步的经验。但从作品和幼儿的交流中可见，他们对蜗牛的了解还不够丰富。

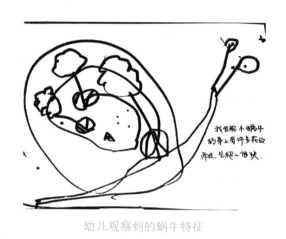

我发现小蜗牛的身上有许多花纹而且，它爬一滩状.

幼儿观察到的蜗牛特征

教师相信这个话题利于幼儿进一步认识、了解蜗牛，也相信幼儿对蜗牛的兴趣足以激发他们继续关注和发现蜗牛，增强对周围事物的敏感性和美好的情感。于是，教师和幼儿一起进入"蜗牛活动"：在现实生活中寻找蜗牛，提供放大镜近距离地观察蜗牛，利用多种方式表达自己的想法。通过开展与蜗牛相关的多种活动中，幼儿的经验不断丰富。

二、在评价中尊重幼儿想法，深入活动

所谓活动，就是实现想法。幼儿的想法很重要，教师需要有一定的洞察力，通过观察倾听、交流分享的方式，给予幼儿积极响应，为幼儿

的活动提供情感和物质支持，促进活动的深入发展。

喜欢蜗牛的幼儿每天早上都会找一个蜗牛朋友带到班上，放到为蜗牛准备的"家"里，一有时间就会观察蜗牛，回家时又会将蜗牛送回大自然，这是保护蜗牛的方式。

那天，几个幼儿跟老师说要为蜗牛造一个乐园，这样小蜗牛会很快乐。教师分析幼儿的想法，认为他们已经把蜗牛看成和自己一样喜欢玩游戏的好朋友。这是基于对蜗牛的情感而提出的有趣想法。这样美好的想法应该得到肯定和支持。于是，师幼展开讨论：蜗牛乐园是什么样的？如何搭建蜗牛乐园？

幼儿搭建的蜗牛乐园

教师鼓励幼儿搜集材料搭建心中的乐园，那是一个自然、美好的家园。幼儿相信小蜗牛会喜欢，会在那里快乐游戏。蜗牛乐园的建立大大激发了幼儿活动的兴趣。他们在蜗牛乐园中不断探索发现，观察蜗牛，和蜗牛游戏，并在和蜗牛的互动中有了更多的发现。例如，蜗牛是怎样从一个楼梯爬过另一个楼梯，感受蜗牛小小身体的力量；蜗牛的粪便有不同的颜色，发现了粪便和食物的关系；蜗牛身体的花纹不同，爬行时会留下长长的线……最让人惊讶的是，蜗牛还会生宝宝。

幼儿仔细观察蜗牛的活动

基于这些发现，教师鼓励幼儿把活动照片、发现记录和绘画作品汇集起来，形成蜗牛档案。这样幼儿每天都能愉快地阅读，还会和家长分享。有的家长还搜集了一些不常见的法国蜗牛的信息，分享给幼儿，使得幼儿的活动兴趣更浓了。

教师深深地感受到，把幼儿的想法视为有价值的事情，不用预设的计划简单代替，能激发幼儿内在的主动性和积极性，不断丰富幼儿的想法。在真实的情境中，幼儿充分地体验与感知，建构自己的理论，获得真实而感性的经验，让"蜗牛活动"不断走向深入。

三、在评价中发现问题，调整策略

随着幼儿与蜗牛的互动增多，他们获得了更多的有关蜗牛的直观经验。教师提供材料鼓励幼儿用多种方式表达自己对蜗牛的想法，提供适宜的挑战，以促进他们发展。教师和幼儿一起搜集材料：软管、纸管、牙膏盒、粗细吸管、不同大小的圆形罐子、光盘、毛线、画报纸、胶带……这些材料是否适宜，能否促进幼儿的发展？教师边观察边利用项目式记录表记录幼儿的材料使用情况。例如，多多将长管卷曲成螺旋形，手一松又弹开了，换了画报纸拧几下，没有卷起来，最后拿了牙膏盒，粘贴在用光盘做的"蜗牛壳"上……

教师通过观察和记录，发现好几个幼儿和多多一样，他们尝试迁移材料变形的经验进行活动。有的扭扭管子，想变成圆形；有的跟多多一样把画报纸拧拧转转，最后都更换了材料。通过交流，教师发现材料影响幼儿活动：管子不容易固定，画报纸太厚不好拧。教师对材料进行调整，增加了毛根、锡纸、皱纹纸，还有固定用的黏土、胶带、各种姿态的蜗牛图片等，为幼儿造型提供支持。

材料调整后，多多尝试使用毛根、锡纸这些易变形的材料表现蜗牛，完成一件"蜗牛爸爸背着蜗牛宝宝"的作品，生动且富有情趣。

幼儿绘画作品反映了他们对蜗牛生活世界的关注

运用多种材料表现蜗牛的区域活动中，教师通过观察幼儿的材料使用情况，发现幼儿的困难和问题，分析、判断材料的适宜度，及时调整，减少因材料问题带来的障碍，为幼儿活动提供支架，促进幼儿顺利进行创意表现。

四、在评价中解读幼儿发展，拓展活动与经验

课程实践中，教师常常在一起审议、交流活动，解读幼儿在活动中的发展，以期拓展幼儿的经验，对活动提出下一步的建议。

在和蜗牛互动一段时间后，班级教师再次审议活动，依据幼儿的作品、活动照片、观察记录等，交流幼儿的活动，评价幼儿的发展情况。对照《3—6岁儿童学习与发展指南》中的目标和蜗牛活动的关键经验，教师发现，幼儿在寻找、观察、饲养蜗牛等各种活动中，获得了很多关于蜗牛的经验。如何既贴近生活选择幼儿感兴趣的事物和问题，又有助于拓展幼儿的经验和视野？基于对幼儿发展的思考，教师认为需要引导幼儿把对蜗牛的关注拓展到蜗牛和周围环境（动植物）的关系上，从而拓展活动，丰富经验。

于是，教师借用绘本《花蜗牛爬高墙》《小蜗牛找好吃的》，引发幼儿关注蜗牛的生活世界，和幼儿一起寻找、调查、了解蜗牛的朋友，利用各种材料把自己打扮成蜗牛，感受和观察周围的世界……幼儿的作品反映了他们的经验。

遇见蜗牛展开的活动之旅，源于幼儿的兴趣和他们对世界的真实经验。在活动中，教师带着倾听的耳朵、发现的眼睛，怀着包容的胸怀，通过多种方式观察、记录、解读幼儿，在评价中了解幼儿的兴趣、问题、想法。教师基于幼儿经验价值判断并生成活动，基于评价发现问题及时调整策略，基于幼儿发展的需要拓展活动，灵活实施课程，让"蜗牛活

动"不断深入发展。在这个过程中，教师成为促进幼儿发展的研究者、引导者和支持者，越来越靠近幼儿的心灵。

（陈丹琴　南京太平巷幼儿园）

知识链接　诊断性评价

　　诊断性评价是在某项教育活动开始之前进行的测定性评价，也可以理解为对评价对象的基础、现状、存在的优势与不足等所进行的鉴定。

　　诊断性评价是教学工作中一个不可或缺的重要环节。著名心理学家奥苏伯尔在其代表性著作《教育心理学》的序言中写道："如果我不得不将教育心理学还原为一条原理的话，我将会说，影响学习的最重要的因素是学生已经知道了什么，我们应当根据学生原有的知识状况去进行教学。"只有通过诊断性评价了解学生的需要和经验，才能确保教学的针对性、吸引力和有效性。但是很多教师在实践中并未对诊断性评价给予足够的重视。早在1971年，著名教育评价专家布卢姆及其合作者就分析指出："在一个新单元开始的时候，教师让所有的学生都从一个假想的'零点'一起起步。就是说，教师心照不宣地假定，没有哪个学生已经掌握计划好的任何一项目标，但所有学生都具有开始学习该单元所必需的认知、情感和动作方面的先决条件。"

——《促进教学的测验与评价》
赵德成　著

融入探究活动的有意义评价

——蚂蚁来造访之后

从 10 月的某一天，孩子们在幼儿园的小果园里发现第一只小蜗牛开始，他们对小动物的兴趣就有增无减。我们商量着给小动物们做一个舒服的"家"，于是上网收集资料，拿着各种工具仔细观察这些"小客人"。

一、帮小蚂蚁做个"家"

直到有一天，妮妮妈妈带来了一个蚂蚁工坊，孩子们的兴趣都转移到蚂蚁身上了。于是，我开始了关于小蚂蚁的第一次集体谈话。我问孩子们："你们了解小蚂蚁吗？"孩子们说："我知道蚂蚁生活在地下。""我知道蚂蚁会搬家。""我看到过蚂蚁是排着队走路的。"

突然，曼兮问："我们这次也能帮小蚂蚁做个'家'吗？"我说："当然可以，可是这次你们要自己调查蚂蚁的居住环境，和爸爸妈妈一起来完成这个任务。"所有的孩子都很兴奋，异口同声地说："好！"

通过这次谈话，我发现孩子们能将之前观察蜗牛的经验迁移到蚂蚁身上，对事物进行初步观察，发现其相同特征并提出大胆的猜想与假设。能想到为造访的动物造一个家，相信之前我们为蜗牛造家时的讨论、计划、收集、创造以及维护等一系列的过程，都会为孩子们和爸爸妈妈制作蚂蚁养育箱提供足够的经验。可见，孩子们喜欢接触新事物，有好奇心和探究的欲望，愿意分享问题、观点以及推测，并且在已有经验的基础上进行简单的联想。教师要引导孩子在探究的过程中提出假设和兴趣，鼓励他们用实际行动去验证。

我设计了"制作蚂蚁的家"的调查表，了解孩子们的兴趣。第二天，我收到了很多孩子与家长一起完成的调查表，进行了集体分享与交流。在调查表上，大家都把自己了解的关于蚂蚁的居住环境、生活习性记录了下来。

二、了解、观察新朋友

过了两天，很多孩子带来了他们和爸爸妈妈一起制作的蚂蚁养育箱，有的是用泥土做的，有的是用白沙做的……有些细心的爸爸妈妈和孩子还共同讨论了照顾蚂蚁需要做的事情，列了一张清单。

接着，孩子们开始观察这些"新朋友"。他们有的拿着放大镜，有的拿着镊子，每天不断地记录着。我发现，璇璇用美工区的陶泥捏出一只蚂蚁，伙伴们都围着她，她尽情地向大家介绍着；蕴蕴用巧克力和糖引诱蚂蚁出洞；思辰在蚂蚁的养育箱里放了个加了水的小盖子；悦悦把种植区里青菜的种子放在蚂蚁挖洞搬出来的土里……

这段时间，孩子们热衷于观察他们的新朋友，展示观察内容或记录动物的某些特征，并尝试用多种方式观察和记录他们的发现。孩子们显然成了细致的观察者，他们能够捕捉到蚂蚁活动的一些细节，并用绘画的方式记录。在观察的过程中，他们经常交流观察的内容，讨论各自的观察。所有的孩子都将精力集中在一个问题上，讨论并分享自己的想法，尝试着利用资源寻找信息和问题的答案。爸爸妈妈、老师、图书成为他们最好的朋友。

幼儿在画蚂蚁

三、做一本蚂蚁观察日记

就在和孩子们共同翻阅图书《蚂蚁日记》《蚯蚓日记》时，我在想，孩子们各自观察记录着，但他们只是在小组内交流，怎样能让所有的孩子相互分享，清楚地评价孩子们的观察记录能力呢？我们来做一本蚂蚁观察日记吧！在将孩子们的每一次记录以及教师的文字注解整理后，在素描本上一一展示。

我再次将全班孩子召集在一起，分享和讨论大家观察蚂蚁后的绘画作品，互相交流对蚂蚁的近距离观察结果，讲述画中内容。于是，我们进行了关于蚂蚁的第二次集体谈话。

我问："你们最近了解了蚂蚁的哪些秘密呢？"孩子们说："我知道蚂蚁喜欢吃糖。""蚂蚁还喜欢吃面包屑、巧克力这些甜的东西。"

我说："今天，老师把你们最近的观察做成这本关于蚂蚁的观察日记，大家来看看。"曼兮说："这是我画的，我发现蚂蚁还喜欢吃米粒、饼干屑。"思辰说："老师，这是我画的，我画了蚂蚁喜欢吃的东西，还有喝的水。我和爸爸在网上看到蚂蚁是需要喝水的。"养正说："这是我画的，一块一块的是巧克力。我想用巧克力帮蚂蚁做房子，它们一定很喜欢。"悦悦说："我发现蚂蚁挖了一条长长的通道，而且，它们挖出来的土都堆在一起了。最近，我发现它们不怎么出来了，都躲在洞里。"早早说："那是它们在冬眠。"妞妞说："蚂蚁没有冬眠，因为蚂蚁在动，我看到的。"

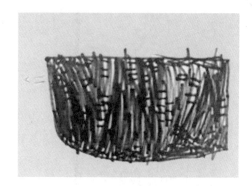

蚂蚁搬出来的土

四、新问题引发新探究

蚂蚁会不会冬眠呢？

会还是不会，大家七嘴八舌地说了起来。为此，我和孩子们一起收集资料，发现温度低于10℃时，蚂蚁会冬眠。蚂蚁的冬眠和其他动物是不一样的，它们不是在睡觉，只是集体在洞穴里不动而已。

蚂蚁到底长什么样？

"老师，我画的蚂蚁是这样的，和他们画的不一样。"妮妮说。

蚂蚁在挖通道

蚂蚁的家

养正想用巧克力做蚂蚁的房子

蚂蚁最近都躲在洞里不怎么爱动了

"哦，妮妮画的蚂蚁是这样的，丁丁画的蚂蚁和妮妮的又不一样，那蚂蚁到底长什么样呢？"我说。

欣欣说："我知道蚂蚁有8只脚。"

蕊蕊说："不对，是6只，蚂蚁还有触角。"

蔓蔓问："蚂蚁的触角是干什么的呀？它有鼻子吗？"

养正问："蚂蚁有眼睛吗？"

集体交流中，妮妮的发现又把大家带入新的学习情境。孩子们对蚂蚁的身体结构产生了兴趣。就这样，孩子们重新拿起放大镜、笔，和老师一起翻阅书籍、看视频资料来解决问题。接着，孩子们又开始了新的观察和发现……

分析与评价：孩子会分享他们的体验、思考、探索与发现，也能认真地倾听同伴的想法，并努力将自己的发现与其他伙伴的经验联系起来。当孩子们互相倾听各自的想法并有了体验后，他们会发展和获得新的理解。同时，孩子提出的问题是帮助我们决定下一步探究活动的重要线索。

课程进行到此，孩子们的学习还在继续，怎样才能将有意义的评价融入活动呢？在极度繁忙的班级生活中，我们需要认真思考评价的目的，想想它是否有意义和价值。明确目的，才会发现评价是多么重要。

　　我认为，应将评价的重点放在孩子身上，不要总以为评价和记录都是教师的工作，而是将评价看作为了孩子的工作，孩子也可进行评价并从中学到东西。其实，评价就是课程的一部分。

（韦超　江苏省镇江市京岘幼儿园）

知识链接　形成性评价与终结性评价

　　形成性评价指在教学实施过程中教师对学生学习情况所进行的评价，又称过程性评价。它即时、多次、动态地发生在教学过程中，旨在发现教学过程中存在的具体问题，并及时调整和解决，以追求最佳的效率和效果。形成性评价关注过程，是改善学生学习、促进学生发展的重要手段。

　　终结性评价指在某项计划或方案结束后对其最终结果进行的评价。它重视最终的结果，是事后的检验，因此主要依据事先设定的目标来进行评价。

　　布卢姆等人曾经用恒温器和寒暑表来类比形成性评价和终结性评价的区别，并在比较中阐释形成性评价的本质。他们分析道："寒暑表可能是十分精确的，然而除了记示或测示室温之外，它对室温起不了什么作用。对比之下，恒温器根据与既定标准温度的关系来记示室温，其后随即制定各种改正程序（即打开或者关闭火炉或者空调机），直到室温达到既定的标准温度为止。因此，寒暑表只能提供信息，而恒温器却能提供反馈与各种改正办法，直到室温达到所需要的温度为止。"终结性评价就像寒暑表，是对学习结果的评价；而形成性评价是恒温器，是为了改进的评价，它在评判学习有效性的同时对教与学进行及时调整，以确保过程的有效性，促进目标的最终达成。

——《促进教学的测验与评价》

赵德成　著

观察在前、支持在后的区域评价

区域活动中，教师应该是支持性活动的参与者，是游戏活动的合作者，关注的不应是幼儿不会做或做错了什么，而是幼儿真正做了什么。即使幼儿在游戏中出现了这样那样的问题，教师也应站在幼儿的角度，以合作者的身份参与进去，与幼儿一起商量解决问题的可行办法。

一、科学的观察，是评价的保证

幼儿教师对区域活动进行观察时，如果只是走马观花式地巡视，往往只会对幼儿的游戏有个模糊、大致、笼统的印象，对幼儿具体的游戏内容、行为和语言，不会有更具体形象的认识。

作为区域活动的观察者，首先，教师要做到心中有目标，明确具体观察哪些区域、哪些幼儿、哪些行为等。其次，做观察记录时，一定要寻求最直接、最有效的方法对所观察的内容进行记录。

通常情况下，幼儿教师在工作中经常使用的观察记录方法有两种：一种是检核表记录，另一种是描述性记录。其中，检核表记录更适合全面了解区域游戏，描述性记录比较适合观察个别幼儿。

例如，教师想要了解本班幼儿使用美工区材料的频率，可以运用检核表进行定点观察，也就是说在美工区定点，利用检核表进行观察。

教师观察并记录

美工区材料使用频率记录表（观察日期：×月×日）

日期\\材料	×月×日	×月×日	×月×日
毛根			
创意黏土			
废旧瓶子			

通过以上检核表，教师进行持续的观察及统计，可以便捷地了解到美工区所投放材料的受欢迎程度，以便为今后调换材料提供依据。例如，幼儿对哪种材料不感兴趣？出现这种现象，是材料本身的问题，还是幼儿经验不足以支持他的探索，又或是教师的引导出现了问题？通过这样的方式，教师能够更全面地获取幼儿区域活动的一手资料，让幼儿真正实现与材料的互动。

如果教师想要了解班级中幼儿游戏的过程，包括幼儿与材料的相互作用，幼儿与幼儿如何通过材料交往，幼儿如何运用不同技能解决活动中遇到的问题等，就不能选择检核表进行观察，而要运用描述性记录。

观察记录：魔术方块变变变。

区域：数学区　班级：中×班　记录人：部杰

数学区中，岩岩和另外两个小朋友正在操作"魔术方块变变变"的材料。活动内容是用 2～5 块积木逐一进行图形组合，看看能有几种造型。当玩到用 4 块积木组合时，岩岩一边拼一边说："这可不好说，我能拼出好多种。"拼了一会儿，他兴奋地说："老师快看，我已经拼了七种。"源源看到他的作品，说："岩岩，你有三个图形是一样的。"同时，用手指了出来。岩岩把三个图形放到一起，左右摆弄了一会儿，摸了摸头说："噢，原来真的一样，我怎么没发现呢？"

在图形与提示卡的配对过程中，岩岩选择了一张 Z 字形的图片，他将积木在图片上摆来摆去，总是不能摆出一样的图形。这时旁边的源源把积木转了一下，岩岩发现积木和图形变得一样了。在做横折图片造型时，岩岩又遇到了困难，他拿着积木在图片上不停地旋转，始终无法找到与图片一致的位置。旁边的源源大声地提醒他："翻转，翻转。"岩岩似乎还是不大理解。源源用手比画着，他才明白。他把积木翻了个儿，摆在图片的位置上后，高兴地说："好啦！"

分析：幼儿在操作之前已经对魔术方块的玩法有了一定的了解。操作过程中，岩岩通过对积木的拼搭了解其造型的多样性；辨别积木造型的过程中，能够排除位置方向的干扰，找出相同的积木造型。但是在对积木翻转与旋转以达成与图片造型一致时存在困难。幼儿游戏过程中，教师始终没有干预，让幼儿通过同伴的提醒更正行为，这样更有利于幼儿经验的积累。

相较于岩岩，源源对空间的感受能力与对积木的操作水平更高。游戏中，他不仅关注自己的工作，还关注同伴的行为，发现问题后，及时提醒和帮助。由此可以猜测，他已初步掌握利用二维和三维的空间图形来表征与理解周围世界，掌握了图形变换中的移动、翻转和旋转等策略。

本案例呈现的是描述性记录，重点记录教师看到了什么、听到了什么，是教师更深入了解区域活动中人、事、物之间互动情形的记录方式。

二、评价不是找错，是关注与支持

幼儿是区域活动的主人，也是区域活动成效落实的主体。教师针对幼儿区域活动的评价，主要在于能否做到"有准备"。这里所说的准备，一方面指教师提前预设游戏计划，另一方面也包含教师提供的操作材料能否支持幼儿的活动。

在日常工作中，每当区域活动结束后，教师都会按照惯例对幼儿的游戏进行评价。这种评价不能为了评价而评价，不应针对幼儿操作的效果，也不能针对幼儿操作中产生的错误与失误，更多的是给予幼儿一些肯定与关注。

案例：项链的秘密。

区域活动开始了，小班的崔老师发现小宇对美工区的"穿项链"游戏特别感兴趣，确定在本次活动中主要对其进行观察。

崔老师发现小宇首先在印有项链的彩色图片中翻了又翻，选择了两张图片，一张是按照"红圆珠子、黄圆珠子"的规则排列的，另一张是按照"大红珠子、小红珠子"的规则排列的。他首先将"红黄"规律的图片摆在眼前，小手灵活地逐一拿起一个红色串珠、一个黄色串珠，并将它们穿进玻璃丝里。过了一会儿，他就穿好了一串漂亮的项链，微笑着说："这串项链送给妈妈。"

他把项链放到一边，开始穿第二条。但是只穿了两组，他就遇到了困难，因为小筐子里红色的串珠已经没有了。他低着头想了一下，眼睛逐一扫过材料筐，然后拿起一个大的黄色串珠、一个小的蓝色串珠、一个大的粉色串珠、一个小的紫色串珠继续穿了起来……到最后，他完成了一条五颜六色的项链。

等到进行区域活动评价时，崔老师先让小朋友们观察小宇完成的两条项链，猜一猜它们是按照什么规律穿成的。小朋友们很快就发现了第一条项链的排列规律，但是对于第二条项链，他们看了又看，认为没有规律。

崔老师让小宇来介绍一下。小宇说："这条项链是按照大小的规律来排列的。"崔老师再引导小朋友们仔细观察，才发现了这条奇怪项链的秘密。崔老师让小宇说说自己穿项链的过程。小宇说："大红珠子和小红珠子都没有了。可是我不想换图片，就用其他颜色的珠子来穿，这样这条项链就变成五颜六色的了。"崔老师肯定了小宇的做法，重点表扬了小宇通过自己的思考来解决问题的勇气。小朋友们听了，都为小宇鼓起了掌。

在小宇的案例中，崔老师通过观察，发现孩子身上具有的优良品质，并通过适当的引导，让其他幼儿了解他在操作中遇到的问题以及解决问题的方法。通过这样的方式，不仅让小宇获得了自信，也为其他幼儿树立了榜样。

关注幼儿在游戏中表现出来的优点，是区域评价最主要的内容。如案例所示，幼儿是否通过自己的努力而获得成功；是否虚心接受了同伴的建议，修正了自己的操作策略；是否一直保持对材料的关注，坚持不懈，克服困难等。通过这样的评价方式，不仅可以弱化不同幼儿之间的发展差异，还强化了他们良好学习品质的养成。这样做不仅尊重了幼儿，更为他们今后的其他学习点燃了热情，让幼儿在区域活动中通过与材料、同伴互动，真正获得自信与成功。

（李芳　胡中天　河北省保定市青年路幼儿园）

知识链接　**教育性评价的六个准则**

评价应当改进表现而不仅仅只是测量表现。所有的评价应当具备以下要素。

1. 对所有的有关者，尤其对教师、家长及年长的学生来说是可信的。信度依赖于：作业的真实性、测量技术的完善性、训练有素且公正的评价、合理且有效的标准（即与学校重视的用户或更广阔的表现范围相关联的学校测量尺度和标准）。

2. 有用的，这意味着对表现者（即学生）及其教练（即教师）来说是友好且有帮助的。

3. 平衡地运用多种评价方法，从而提供一个丰富、合理且可用的成就特征图。同时，又要参照真实、复杂的表现性任务。

4. 诚实且公平。我们根据重要的标准如实地汇报每位学生做得如何，但不将新手和专家相对比，做些无用的等级排列。

5. 智力上严格要求且又启发思维——关注核心观点、问题、文本及知识，其设计引人注目并能激发学生在智力上探索新知的兴趣。

6. 在资源、后勤、政治及时间的重新调配等方面都是可行的，从而可以以合作的方式来设计、调试、运用、评估及有效地汇报学生的学业状况。

——《教育性评价》【美】Grant Wiggins　著
国家基础教育课程改革"促进教师发展与学生成长的评价研究"项目组　译

隐性评价从沉默走向对话

    幼儿园教师评价是指发生在幼儿园一日生活中，教师针对幼儿的具体言行表现做出的言语或非言语的、具有肯定或否定倾向的价值判断。它是教师对幼儿行为表现的反馈、判断与回应，是教师与幼儿相互交往和共同生活的重要组成部分。

    但是我们往往较多关注教师评价行为中的显性评价，却经常忽略隐性评价，即间接的、内隐的、非正式的评价。其实，隐性评价涉及范畴广，作用对象多，对幼儿的影响更加深远。

一、消极隐性评价给幼儿带来的负面影响

    由于隐性评价对幼儿的影响具有潜在性和渗透性，我们往往无法察觉。尤其是可能给幼儿造成负面影响的消极隐性评价，需要我们格外注意。

    其一，思维定式下的标准化评价。教师往往站在成人的立场，以固有思维对幼儿进行评价。幼儿表现若符合成人眼中的常规就是合理的，否则就会被视为不合理或者错误之举。这种隐性评价无形中使幼儿的行为走向整齐划一。例如，当教师审视幼儿的绘画作品时，往往从幼儿的绘画技能方面对其评价，包括形状是否和实物相像，涂色是否均匀等。如果幼儿将太阳画成正方形，涂上蓝颜色，教师就可能对幼儿持否定态

度。这种所谓成人标准化的评价逻辑，容易使得幼儿的个性和创造力无法体现，甚至被扼杀。

其二，缺乏引导性的终结性评价。教师在对幼儿的作品进行评价时，倾向于给出终结性评价，而忽略通过评价对幼儿进行引导。这容易使一些不懂教师要求的幼儿很难改变自己的处境。我曾看到这样一个场景，教师要求幼儿画秋天的树，一位叫乐乐的小朋友画的线条很乱，有的直，有的弯。教师过来问："你画的是什么？"乐乐说："是树。"教师说："树不是这样画的。"乐乐说："这是水，水把树给淹了。"教师让乐乐将纸翻过重新画，可乐乐却不画了。一方面，乐乐从教师缺乏引导性的评价中依然不明白教师的要求，不知该如何行动；另一方面，教师对乐乐的作品间接地给出了终结性评价——不符合要求。这种动作示意的隐性评价直接否定了乐乐的作品，也否定了乐乐的积极性、想象力与创造性。

其三，示范效应中的比较性评价。为了更好地发挥集体对个体的教化作用，教师倾向于在幼儿示范的过程中进行评价，通过比较达到统一、服从常规的效果。有时，教师会把幼儿的画当作典型拿出来，示范给其他幼儿。教师往往还会这样问："你跟大家说说，你画的是什么，别人看不出来。"有时，教师会同时给幼儿呈现画得"好"的作品，让全班幼儿欣赏。在这样正反对比的示范过程中，教师的隐性评价既伤害了幼儿的心灵，无形中又引导其他幼儿按照教师的要求统一行事，画出教师希望看到的作品。

二、教师对隐性评价的潜在影响较难察觉

当下，幼儿园教师的评价行为中之所以存在上述问题，主要有以下三个原因。

第一，教师对自己做出的隐性评价行为处于潜意识状态。评价有显

性和隐性之分，教师常常过于关注实体的显性评价，却忽略了随处可见的隐性评价。当教师没有清楚地认识到自己是在对幼儿进行隐性评价时，自然也就无法留意到它可能会给幼儿带来的负面影响。

第二，受思维定式、实践惯性或其权威身份的影响，教师视自己做出的隐性评价合情合理，理所当然。其实，隐性评价发生于教师对幼儿的一言一行中，同时作用于多名幼儿。当教师对某名幼儿的行为进行评价时，其实也是对在场其他幼儿的行为进行评价。

第三，教师自身的评价观念存在误区，导致其评价行为走向异化。如在评价中局限于幼儿眼前的、单方面的发展，而非长远的、整体性的发展；关注幼儿知识技能方面的发展，而非兴趣、想象力、创造力等其他方面的发展；倾向于以成人固有的评判标准去评价幼儿，注重以结果为导向、以比较为手段等。

三、善用对话式评价促进幼儿发展

首先，教师要倾听幼儿之间的对话式互评，打破自己的思维定式，抛开已有的习惯，给予幼儿作为评价者的机会。教师须鼓励幼儿之间开展对话式互评，并从旁观者的角度认真倾听幼儿彼此间的评价。在幼儿开展对话式互评之前，教师不能给予任何暗示和价值判断。在对话式互评过程中，教师可充当启发者的角色，以价值中立的问题、非情绪化的言语引导幼儿，通过描述其所见所闻、所思所想对他人进行评价，如"大家猜猜某某小朋友画的是什么""为什么是这样的"等。此处，教师的作用只是"穿针引线"，使幼儿与幼儿之间的对话式评价更充分、更深入，尽量避免幼儿做出过于随意的评价。通过幼儿之间的对话式互评，教师能从幼儿的角度理解他们的想法，基于幼儿的说话意图发掘他们多方面的禀赋。幼儿能在对话式评价中萌生对自己新的认识，获得多维的发展空间。

其次，开展离心的师幼对话式评价。教师要放下自己的权威身份，以"平等中的首席"身份参与离心的师幼对话式评价。离心的师幼对话式评价有双重内涵：一方面，教师和每名幼儿都有位于评价中心的权利，所有幼儿都积极参与评价，关注和理解同伴的评价，并进行意义建构和经验的拓展与再生产；另一方面，离心的师幼对话式评价是发散的，评价的意义不局限于眼前的具体事物，而是关涉幼儿的一切经验。通过评价，每名幼儿都可以充分地将话题与生活经验相关联，发表对事物的见解。它伴随教师与幼儿、幼儿与幼儿之间经验的渗透和融合，以及思想与情感的交流和共鸣。

最后，教师要减少消极的隐性评价，善用积极的隐性评价。鼓励的话语、好奇的疑问、支持的手势、平等的对话、赞赏的眼神，都可能成为促进幼儿发展的契机。

（聂洋溢　南京师范大学教育科学学院学前教育系博士研究生）

知识链接　**教师进行评价首先要学会观察**

要使教学有效，教师必须是有效的观察者，能够对教学互动进行反思、探究和批判。教师要具有观察解释、运用数据的能力，从而进行教学决策和课堂管理决策。这种能力是"专家"教师的特征之一。

当教师达到将行动研究与课堂教学相结合的阶段时，要告诉他们自己第一步需要做的是培养观察技能。这似乎很奇怪，毕竟教师整天都在看着学生。但看与观察之间有很大的不同。一位教师可能看到，每天课间休息时有个学生都是独自在玩，最近还目睹了同学们在选择集体游戏的伙伴时总是最后一个想到她。一个"观察者"会用清晰的、可检验的专门术语界定这一自己关心的领域，发问："是同学们特别排斥这个学生，还是仅仅因为忽视了她？""是不是缺少一个专门的、用来干预学生之间互动的技能领域？""这个学生是否缺少融入集体的必要技能？"很明显，对这些问题以及其他一些问题做何解答，将决定教师运用何种干预策略，决定教师怎样界定和衡量这个学生的"成功"。观察技能是基础性的，用于帮助教师确定自己关心的领域、实施干预、评价干预行为的有效性、维持并推广这种干预的影响力。

——《反思性教师与行动研究》 著

【美】Richard D. Parsons　Kimberlee S. Brown

郑丹丹　译

孩子的画告诉我们什么
——儿童画的解读与评价

　　我们常常看不懂孩子的画，一不小心，就会错误地解读。关注到这个问题，我们对美术活动进行了一段时间的跟踪，发现了教师在孩子作画时最常说的三句话。第一句是"画得很好"。老师们认为这是最保险的话，不得罪孩子，但好在哪里，也不说，或许能换来孩子们片刻的心满意足，但继续创作时还是停留在原来的水平。这种空泛的评价，并不能提升孩子更高水平的表达。第二句是"这画的是什么呀？"孩子不敢接话了，不知道老师说好还是不好，犹豫了，作画时反而战战兢兢。第三句是"你画的是花吗？"很多老师观看孩子作品的第一反应，就是想知道画的是什么，出现结果导向思维。当孩子的表达水平有限，不能准确绘画出自己想表达的内容时，这种评价方式就会打击孩子表达的积极性，担心画的东西被别人笑话，一看见老师过来，就将画藏起来，或用手盖住，不给同伴、老师看。

　　以上"三句话"带有很鲜明的评价倾向，是以"好不好""是不是""像不像"的观念来评判孩子的画。教师按自己的意愿对孩子画的解读，会引起孩子的不愉快，使孩子对画画产生质疑。教师的解读与孩子内心要表达的想法不一样，弄得孩子常常这么说："我不会画""我不给你看""画得真难看"等，这些就成了孩子的口头禅。

　　其实，孩子的画中藏有许多秘密。孩子是在用自己独特的方式表达对外部世界的认识和理解，表达自己的情感和意愿。下面就聊聊如何解读孩子的画，了解儿童画的价值，运用评价促使孩子大胆表达、表现，学习适宜的评价方法，使孩子能自主、自如、自在地画画。

一、孩子的画告诉了我们什么

1. 具有很明显的年龄特点。

画画是孩子与生俱来的表达手法，也是幼儿阶段必不可少的表达手段。幼儿阶段的孩子语言表达能力有限，词汇还不够丰富，内心要表达情感需要有一个出口，所以画画就成为孩子很重要的内心表达方式。但每个年龄阶段孩子的画表达差异很大，只有了解这种差异，才能解读到孩子画中的秘密。

1—3 岁的孩子处于涂鸦期，他们从无控制的乱线涂鸦到有控制的命名涂鸦，很在乎动作带来的快感。如孩子从来回涂鸦到画圈涂鸦，会说这是汽车、警示灯，虽然画得很不像。

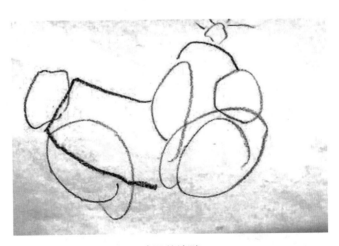

孩子的涂鸦

3—5 岁处于象征期，孩子开始用线条和简单的图形组合来表征自己感知过的事物。这一时期的画有大胆夸张的造型、幼稚自然的运笔、天真可爱的想象，是儿童画中最宝贵的地方。这种原生态的绘画，很鲜活、灵动。

象征期孩子的画

5—7 岁进入表现期和写实性早期，孩子所画的画有点像了，表现出个人的一些风格，可以较自由地发挥想象和创意，有时会反映内心的需求。此时，教师要引导他们观察身边的生活，欣赏名画，还要用心去画。

表现期和写实性早期孩子的画

总之，学龄前孩子的画基本上是"神"似"形"不似。"神"就是孩子内心世界的一种灵性，非常珍贵，要给予呵护。

2. 是孩子内心表白的重要方式。

画中藏着孩子的喜怒哀恐，是孩子想法表达的手段、情绪识别的媒介、情绪调控的方法。孩子常常用画画抒发自己的情绪情感，如心情好和差的时候画出来的作品是不一样的，这可以从色彩、线条、形状等美术手法中解读出来。有的孩子会用杂七杂八的线条表达出家庭不安定给他带来的烦躁和不安全感；有的孩子会用眼睛、嘴巴表示自己忘记拿手纸的尴尬。

孩子的作品

3. 是了解孩子认知水平的依据。

孩子会用笔触表达思维，用图案表现自己的认知和理解。孩子的画就是思维导图。教师可以通过图画了解孩子的学习痕迹、学习方法、学习习惯、思维水平。孩子的画使思维活动显性化，如用指南针的图案表达自己在探究多米诺骨牌时的层层递进。

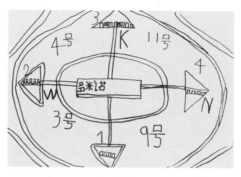

孩子的作品

4. 是孩子一种快乐的游戏。

画画时可以随心所欲，自由自在地表达，任意想象和创造，但又不是无目的地涂鸦。仔细分析他们的作品，我们会发现其中的奥秘，认真解读，将会看到孩子画中表现的快乐，想象出精彩的故事。

5. 是审美倾向的一种表达。

不同的人对同一对象会产生不同的感觉，美感体验差异很大，审美是主客体的统一。孩子的审美很独特，有感性的、理性的。解读到孩子的不同特点并给予尊重和欣赏，会提高他们的审美情趣，激发创作热情，形成独特的作画风格。生动又富有个性地表达，才会让世界百花齐放。

孩子的画作

6. 是手、眼、脑协调能力的展示。

美术活动需要手、眼、脑并用，协调性差异很大。从孩子的画中可以分析出他精细动作和协调能力的水平，因人而异地提出不同的要求。如 3 岁孩子涂色，让他不要涂到外面就很难，不是孩子不努力，是因为手部力量不够。

孩子的作品

二、孩子的画有独特的价值

幼儿阶段的画弥足珍贵，具有孩子一生中最宝贵的独特表达。所以，很多美术界的大师，到了老年都跑去观察儿童，说要向儿童这些"天生的艺术家"学习，因为在这些独有的表达背后，隐含了幼儿对艺术、生活的观察、假设、情感与描述。每一根稚嫩的线条，每一块鲜明的色彩，都体现了幼儿真实的内心世界。

所以，孩子的画是心灵的表白，是情感的宣泄，是精细动作发展的手段，是思维路径的显性解读，是审美倾向的个性展示，是成功体验的自我满足。这就是孩子的画的独特价值所在。我们要好好呵护孩子的画，认真解读他创作背后的因素，"教孩子喜欢画画，而不是教他如何画画"。

三、关注内心的评价，确保孩子大胆表达

《3—6岁儿童学习与发展指南》中强调，切忌用一把"尺子"衡量所有幼儿。特别在艺术领域，成人应对幼儿的艺术表现给予充分的理解和尊重，不能用自己的审美标准评判幼儿，更不能为追求结果的"完美"而对幼儿进行千篇一律的训练，以免扼杀其想象与创造的萌芽等。

应该怎么做？教师的评价至关重要。我们要关注幼儿的内心，对隐含在幼儿美术创作过程和作品中的所感所想，以及影响其表达的相关因素进行了解、分析，支持其进行更为自主、自如、自信的表达。

1. 针对"画得很好！"这样的评价，明确指出"好"在哪里。

注重评价内容，让孩子知道好在哪里。从美学经验、学习品质、心理弹性三方面入手，找到评价的点。

孩子的画作

美学经验：支持表达的艺术经验，包括线条、色彩、造型、构图、材料运用、关系等。

学习品质：支持表达的内心能量，包括主动性、兴趣性、专注性、独立性、创造性、坚持性等。

心理弹性：支持表达的心理环境，包括内在的情绪情感、对外的调节水平等。

如写生菠萝活动，评价可以有这几种说法：（1）你画的菠萝颜色真好看，很新鲜的感觉。（2）你用点表示菠萝中的不平整，有空隙，水分一定很多。（3）你观察得真仔细，坚持把它画好，好佩服你啊！（4）你画的叶子像刺一样，很真实哦！（5）你还给菠萝加了表情，你的心情一定是很快乐的！

2. 针对"这画的是什么呀？"，注意教师的"言""行"。

注重评价的"言""行"，因为这对孩子影响较大。首先，评价角度包括言语和行为。言、行都会对孩子产生影响，单一的语言为主的反馈显然是不够的。其实，哪怕只是一个小动作、眼神、抚摸、点头、手势等，都能让孩子感受到肯定或否定，进而影响创作的信心、意志与能力。其次，评价导向要正面。每位幼儿都有值得肯定的地方，无论是美学经验、学习品质还是心理弹性，我们一定要找出他的优势，以

孩子的画作

小促大，以优促优，优点聚焦，使幼儿的优点显性化，以促进模式的理解、表扬、鼓励等手法激发幼儿的美术表现力。最后，形式要多样，评价要有童趣、仪式感。如以大拇指条、爱心、五角星、自创符号、展示、装裱等方式给予肯定，保护幼儿的创作热情。

鼓励孩子

孩子作品展示

3. 针对"你画的是花吗?"，去掉教师的主观意愿，聆听孩子的自评。

把孩子当作评价主体，聆听孩子的内心表达，了解他们的作画动机和画面情境。如孩子在写生时，明明是有颜色的花瓶和花，她却画成黄色的。小朋友们围在她身边质疑她，她解释道："我喜欢这盆花中的情人草，它像树一样，我画的是像树一样的花，很特别吧?"听了她的自评，孩子们都点点头，很佩服她。

孩子的创作

　　希望老师们认真学习评价的技能，提高解读孩子绘画的能力，重视孩子绘画的价值，使弥足珍贵的童年画得到更好的欣赏，让孩子能大胆地用绘画表达自己的内心想法。

（朱瑶　浙江师范大学幼儿教育集团）

知识链接　教师要成为评价专家

　　教师需要具备多样化的能力。培训、绩效、教学标准国际委员会将优秀教师应具备的能力分为5个维度，分别是专业基础、计划与准备、教学方法与策略、评价、教学管理。"评价"是其中一个重要维度，又可以分为两项能力，分别是评价学习和表现、评价教学效果。

　　优秀的教师不能只会教，不会评，"评价"是教师专业能力中的重要部分。对学生学的评价可以帮助教师和学生了解学习进展，了解在某一具体的学习任务中，哪些学生还需要额外的辅导才能开始后续学习；而对教师教的评价，则能对教学活动进行诊断，总结成功经验并发现亟待改进的问题，从而推动教学改进。教师只有重视评价，且会有效地开展评价，才能成为真正的专家型教师。

——《促进教学的测验与评价》

赵德成　著

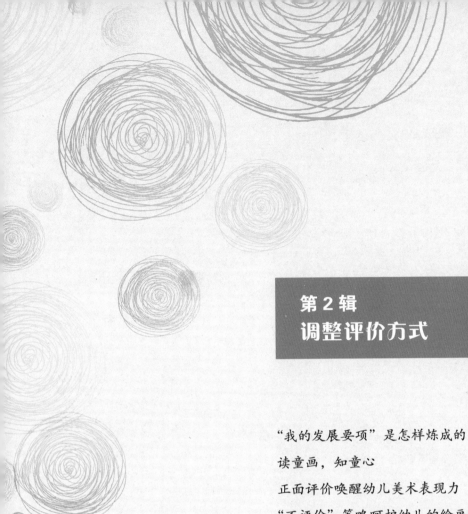

第 2 辑
调整评价方式

"我的发展要项"是怎样炼成的

读童画，知童心

正面评价唤醒幼儿美术表现力

"不评价"策略呵护幼儿的绘画兴趣

巧用评价，引导幼儿主动学会测量

巧设情境，学看日历

细化目标，开展有效的幼儿发展评价

"故事汇"：实施效果评价，让儿童的发展看得见

重视过程性评价在语画课程中的重要价值

成长档案：为幼儿发展评价留痕

"我的发展要项" 是怎样炼成的

现在，儿童发展过程性记录与评估的重要性正被越来越多的幼儿园教师认识和接受，但是在具体实验过程中却存在一些实际困难：班级幼儿人数过多，教师缺乏观察评价的能力与方法，缺乏简单易行的观察工具等。应该承认，班级儿童人数多是当前的国情，难以在短时间内得到改善，但是不能因此放弃对儿童个体发展需求的关注。教师必须将教育的着眼点从传授知识与技能转向观察、了解儿童，促进每个儿童在原有基础上获得充分发展，积极开展以儿童发展为中心的教育实践活动，真正成为有准备的教师。

一、观察儿童，了解儿童

随着教育观、儿童观的转变，"因人施教""幼童本位"等对儿童个体发展的关注研究逐渐成为幼儿园教育改革的重点。观察是为因材施教、促进每个孩子在不同水平上得到发展做好前期准备。在单元课程的每一单元实施前，都需要教师依据对儿童的观察写出单元生成背景，这就需要教师捕获儿童身心发展中的各种信息，学会分析、判断、选择、决策。观察能力成为单元课程实施中教师的一项基本功。

1. 观察方式有哪些？

单元课程鼓励教师采取盯人观察和定点观察两种方式。无论哪种观察，目的只有一个：根据对儿童活动的行为分析，寻找适宜的教育策略，因材施教。

盯人观察可以是对某个有特殊困难，但教师目前尚无合适帮助策略的孩子进行的观察，可以是教师实施了教育策略后对效果行为跟踪的观察，还可以是找寻儿童特有的学习方式、兴趣、爱好的观察。

定点观察可以是对某个区域里某一时段儿童活动的观察，可以是对某个小组实验、合作或讨论行为的过程观察，也可以是某个时间段对全班儿童在某一发展要项上的差异性比较观察。

2. 怎样观察？

日常生活中，我们鼓励教师随时随地走近儿童，捕捉那些稍纵即逝的瞬间，以观察本或观察卡的形式，把孩子的行为及背景记录下来。比如，在活动区使用频率表、差异性行为观察表等，使之成为孩子极好的个案资料。此外，大量印制统一的观察表格，供教师随时使用。这种记录表适用于集体教学、游戏活动和日常生活的各个环节，灵活性较大。

3. 观察素材用来做什么？

观察记录是儿童发展过程中的资讯，帮助教师了解儿童的原有水平、发展进程，进而形成儿童的个人成长档案。

二、记录儿童，分析儿童

1. 记录什么？

我园每学期都为孩子量身定制一本"我的成长档案"。成长档案是孩子成长中某一阶段资讯收集的系统，它真实地记录了孩子的生活、学习、游戏与发展，详细地描绘出孩子特有的成长轨迹。成长档案不仅成为单元课程的重要资源和素材，也成为家园互动、共育的媒介与桥梁。成长档案需要收集的材料有三类。

一是观察记录。可以是教师观察记录孩子的有趣事件，如大带小活动的连续观察；可以是孩子的心情周记本、观察记录本、游戏活动选择记录本等；还可以是教师与孩子的交谈记录，或孩子参与某个感兴趣的活动后的感言感想，或是在家庭中的趣事。

二是儿童作品。可以是反映孩子某方面能力发展的连续性的美术作品，可以是记录某次有意义活动的命题绘画，还可以是反映成长痕迹的实物作品照片。

三是纪实照片。可以是孩子完成某项活动或任务的过程性照片，也可以是反映孩子在园一日生活各环节快乐游戏活动的照片。

2. 谁来完成记录？

准确地说，成长档案是由教师、孩子、家长共同记录完成的纪实性作品。教师发挥规划、指导的作用，收集、整理、记录、分析孩子在园发展的变化资料，通过富有艺术的编辑、装饰，让成长档案在可读性的基础上富有观赏性。孩子是成长档案的主角，他们不仅要学会积累自己的成长资料，还要与教师一起整理档案资

孩子们的作品

老师和孩子们用不同方式记录了有趣的表情

孩子们的观察记录

料、装饰档案册。作为家园共育的媒介，家长发挥重要作用。孩子的成长记录档案需要家庭的参与，只有家长亲自参与、亲身感受，才能读懂成长档案背后的故事，有科学的育儿态度与行为，妥善利用和保管成长档案。

三、评价儿童，助推发展

单元课程不仅将"我的观察记录"运用在"我的成长档案"里，还将"我的成长档案"中提供的信息资源运用在拟定的"我的发展要项"中，为每个孩子量身定制学习计划与目标。借助成长档案拟定儿童的发展要项，单元课程评价有这样几个步骤。

第一，依据成长档案提供的客观事实，以及日常对儿童的观察了解，完成成长档案"期末综合评析"板块要求。如果学期评价项目中有部分内容缺少素材依据，造成无法判断的情况，则说明教师对全班儿童的资料收集或成长观察有整体失衡的地方，要尽快调整、弥补；如果个别儿童的部分内容缺少事实依据，或者说明这个孩子的兴趣重点在其他地方，这也说明教师没有充分关注每一个孩子，有失偏颇。

第二，分析儿童间"期末综合评析"的差异，发现在不同领域、不同活动中儿童的发展现状，重新拟定分层、分组的人员，为后续的集体教学、小组活动提供分组依据。

第三，对照"单元课程儿童发展参考要项"，了解儿童的实际达成情况。"单元课程儿童发展参考要项"是我园儿童发展的常规模式，代表大多数儿童发展的共性，也是教师拟定教育目标、选择教育内容、实施教育活动的参照方向。在学期评价中，教师要将儿童的发展现状与参考要项对照，观察儿童的发展处在什么样的水平上，以此拟定出每个儿童需要关注、帮助的内容或领域，或者需要助推的优势与特长。

第四，将本学期的评价与上学期的评价比较，看其发展情况。如果有所提高，说明儿童在成长、进步；如果状况依旧，教师就要重点分析原因，扫清制约儿童发展的障碍。

第五，将学期评价与《3—6岁儿童学习与发展指南》中的目标对照，了解儿童的达成情况。如果全班儿童在某一方面整体超越该指南中的目标，既可凸显园所特色或班本特色，也可以说明存在区域差异。如果全班整体低于该指南的要求，则要重点分析，看课程实施中哪些方面需要调整与改进，为课程内容、形式、方法等变革提供参考依据。

第六，与家长预约面谈，听听家长对孩子发展状况的评价，看是否与学期评价结果吻合。如果有差异，就要共同分析差异形成的原因，了解是孩子心理紧张、不愿表现，还是教师关注不够，为教师制订个别帮助计划提供参考。

完成上述程序后，教师才能动手拟定每个孩子的"我的发展要项"。它包括以下内容：孩子在每个领域最有优势的内容、最需帮助和提高的内容；各类活动中的分层、分组、伙伴选择的计划；各类活动中的个别支持、帮助计划；跟踪观察的计划和家园合作的建议。拟定完成后，教师还要拟定班级全体儿童的发展要项。这是孩子的共性发展指南，也是下一学期每一单元目标拟定的重要依据。

（崔利玲　南京市鼓楼幼儿园）

知识链接　课程评价的模式

由于课程评价有助于改进课程计划，从而提高学校教育的质量，因而引起许多教育工作者的注意，并在实践中开发出各种课程评价的模式。常用的评价模式有这样几种：目标评价模式，目的游离评价模式，CIPP评价模式，外观评价模式，差距评价模式，CSE评价模式，自然式探究评价模式。

上述各种课程评价模式都有其长处和短处，有些模式便于操作，但往往只注意近期的、可观察到的效果；有些模式比较周全，但实施过程往往比较复杂；而且，我们很难对研究时渗入的个人主观因素做出是与非的判断。所有这些，都要根据特定的评价对象采用合适的评价手段。

——《课程理论——课程的基础、原理与问题》

施良方　著

读童画，知童心

　　美术创作是儿童诗性世界的表达方式，也是他们最擅长的。儿童的作品连接心灵，每一个痕迹都有其专属意义。读懂儿童作品，对于真正走进儿童世界，努力发现儿童之美、儿童之趣、儿童之需，有着极为重要的意义。

一、读懂作品年龄特点，发现儿童发展阶段

　　从绘画年龄特点发展的角度出发，儿童作品中呈现的一笔一画都透露出其所处的真实发展阶段。透过这些真实表现，我们可以透析儿童发展所处的阶段并给予相应支持。比如：蝌蚪人是小班幼儿绘画表达的年龄特点；地平线、透明画是大班幼儿绘画表达的年龄特点。依据作品，教师可以客观评价儿童绘画的发展阶段。

　　幼儿作品《我》，单线条的身体、圆圆的脑袋、避免重叠的头发等表达方式，都是小班幼儿绘画的典型性标志，与其小班年龄是相符合的，是自然发展的过程。

　　幼儿作品《上课》中人物的

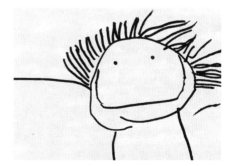

小班作品《我》

侧面表达，符合大班幼儿的年龄特点，但是人物表达仍然停留在单线条的阶段，这明显不符合大班幼儿人物表达的年龄特点。因此，对这个孩子就需要根据现状在技能表达上给予相应的指导，支持其综合表达能力的发展。

大班作品《上课》

二、读懂表达情趣，欣赏儿童表达特点

儿童作品的情趣就是童真、童趣、童味、童美的体现。聆听、理解、品味儿童表达，是读懂儿童作品情趣的关键要素。

基于此，读懂儿童作品情趣表达可以从两个方面进行。

第一，内容情趣。

儿童作品的内容体现出他内心的天真、美好，更有儿童认知、经验、情感的表达。读懂儿童的世界，发现儿童作品表达的认知、经验、情感等，是评价儿童作品的基石。如此，儿童作品的评价才是从儿童出发，进而成为发现儿童、发展儿童的有效支持手段。

《我的朋友蹦蹦》是中班幼儿的作品。这幅作品如果单纯从真实性、艺术性等方面评价，也许存在诸多疑惑，如五官不对称、画面缺乏艺术美感等，但是如果我们站在儿童角度来欣赏，就能发现它蕴含着儿童作品表达特有的情趣。

中班作品《我的朋友蹦蹦》

首先，这幅作品在评价过程中关注的重点是内容，不是技能。对称表达对于中班幼儿来说本身就有一定难度，不能准确表达脸部的对称在情理之中。

其次，幼儿对朋友特点"脸最小"的关注最为突出。对孩子来说，把脸画"全"（对称）就表达不了自己想要表达的"脸最小"这个特质。其实，在幼儿作画的过程中，教师就发现了不对称的问题，并支持、引导幼儿画对称，结果是幼儿仍然坚持自己的想法。

最后，读懂幼儿作品内容的情趣后再评价，会发现幼儿对朋友特点的表达特别精准、到位。"最小的脸，大大的眼睛，像小兔子一样的牙齿。"幼儿没有因为老师提供半张脸的"范画"就单纯地依葫芦画瓢，而是把自己对朋友的认知、了解用自己的方式来表达，头部不对称反而有了别样的味道。

第二，艺术情趣。

儿童作品的艺术情趣体现在夸张、变形、用色大胆、真实等特质上，使作品呈现出稚拙、不可模仿的"儿童味"。同时，作品评价过程中，我们也尝试运用"绘画观测点"的方式，从人物表现、色彩表现、绘画类别、构图、画面布局、装饰表现和语言表达七类观测点出发，细化为性别、造型、动态、数量、涂色、关系等42个观测小点，以求更加细致全面地了解、欣赏、评价儿童的艺术表达。

比如，对于色彩的运用，他们忠实于主观感受，既模仿大自然的颜色，也运用无意识。无论是哪一种，他们都能以最和谐、最美的方式来呈现。

从大班幼儿作品《飞鸟》中，可以发现孩子用了深浅不一的5种蓝色表达大海，看似毫无规律，却又充满层次感。蓝色来源于大自然，不规则图形体现了自己创造性的想象与表达，表现出大海蔚蓝、深邃的美感。另外，点彩效果的小鸟自由翱翔在大海上，色彩随意搭配，充满自由气息，空间布局有序、和谐，体现出儿童的味道，传达出可意会不可言说的美好。

大班作品《飞鸟》

三、读懂作品画面内涵，支持儿童发展需求

读懂儿童作品内涵，需要从聆听儿童作品表达开始，真实、客观地记录儿童表达，结合儿童语言对画面内容进行深度假设。我们根据儿童语言表达进行自我设问、猜测，分解语言表达内容，并把语言和画面进行匹配评价，从中发现作品隐藏着的儿童认知、经验和需求，以此综合评价儿童作品。

中班在画《我的朋友》时，有个幼儿说："老师，我不会画。"老师说："你可以先观察一下你的朋友再画。"活动结束了，他还是上交了一幅"空白画"。我们如何解读幼儿空白的画面？如何读懂幼儿所说的"我不会画"？如何评价这幅作品？

中班《我的朋友》

1.聆听、记录幼儿对作品的表达，这是读懂、评价幼儿作品的基石。

老师："怎么是空白的呢？"幼儿："我不会画。"

2.接纳幼儿作品，针对作品与幼儿表达进行深度的读、评。

3. 自我设问，读懂作品，发现幼儿。

自我设问1：为什么是空白的？

自我设问2：为什么活动结束了，他还是说"我不会"？

自我设问3：他真的不会画人吗？平时自主游戏时，在美术区，他是画过人的呀？

自我设问4："空白画"背后真正的原因是什么？

4. 观察、互动、发现、评价。

例如，针对这幅"空白画"，可以采取以下措施。

观察：这名幼儿平时总是一个人玩，从小班开始就这样；平时他自己画画时会画"人"。

互动：拿出"空白画"，再一次进行个别化互动。

发现：幼儿"空白画"的真正内涵不是真的不会画，而是他没有朋友。

评价：对这幅作品，从年龄特点、艺术情趣等维度上无须做任何评价，而是需要从画面内涵本身去评价。因此，我们对这幅作品的评价是：幼儿用一幅"空白画"这样震撼心灵的方式，表达了自己的真实现状和内心需求。这种表达方式充满力量，能够引起充分关注。

5. 支持幼儿发展。

首先，探寻、发现幼儿没有朋友的真正原因。教师开展绘本《没有人喜欢我》的欣赏活动，发现"想交朋友，又怕他人不喜欢自己，不知道怎么去交朋友"，这是导致该幼儿没有朋友的真正原因。其次，利用游戏视频，倾诉内心真实体验。教师拍摄该幼儿日常独自游戏的视频，在征询他同意的前提下，和全班幼儿一起观看，让幼儿表达独自一人游戏时的心情与体验。再次，发挥同伴互助作用，学习交朋友的方法。最后，个体关注，观察、记录朋友。开展"发现朋友"的活动，利用视频、照片、涂鸦等方式观察自己的朋友，为幼儿提供交往、寻找朋友的机会，增进朋友之间的情感。

慢慢地，该幼儿从没有朋友到有朋友，从被动交往到主动交往，一直在变化着、发展着。正是因为教师读懂了幼儿，给予幼儿需要的支持，幼儿的这些变化和发展才有了可能。

读是评的前提，也是评的过程。多维度评价，让评价服务于幼儿个体的发展需求，这是我们在"美诉"课程中进行作品评价的最大意义。

（程海霞　黄蓉蓉　杭州市西湖区闻裕顺学前教育集团）

知识链接　课程评价模式——目标评价模式

目标评价模式是在泰勒的"评价原理"和"课程原理"的基础上形成的。……我们可以把泰勒的"课程原理"概括为四个步骤或阶段：（1）确定课程目标；（2）根据目标选择课程内容；（3）根据目标组织课程内容；（4）根据目标评价课程。其中，确定目标是最为关键的一步，因为其他所有步骤都是围绕目标而展开的。这也是人们把它称为目标模式的原因。在泰勒看来，如果我们要系统地、理智地研究课程计划，首先必须确定所要达到的目标。从某种意义上说，不能只认为评价是第四阶段的事情，事实上可以把前面三个步骤看作评价的中介阶段或初期阶段。由于评价是从目标入手的，所以目标的界说一定要清楚。如果目标还不清楚，那么评价的第一步就是要界说目标，以便了解这些目标实际上达到的程度。第二步是要确定评价的情境，以便使学生有机会表现出目标所指的那种行为。尽管泰勒特别重视评价的工具或手段，因为评价工具直接影响到评价结果的信度和效度，但他强调只有在完成上述两个步骤之后，再考察现有的各种评价手段，以便发现获得有关证据的适当方式。因为除非评价方法与课程目标相切合，否则评价结果便是无效的。

由此可见，评价的实质，是要确定预期课程目标与实际结果相吻合的程度。

目标评价模式强调要用明确的、具体的行为方式来陈述目标。评价是为了找出实际结果与课程目标之间的差距，并可利用这种信息反馈作为修订课程计划或修改课程目标的依据。由于这一模式既便于操作又容易见效，所以很长时间里在课程领域占有主导地位。但由于它只关注预期的目标，忽视了其他方面的因素，因而遭到不少人的批评。

——《课程理论——课程的基础、原理与问题》

施良方　著

正面评价唤醒幼儿美术表现力

美术活动在幼儿时期具有非常重要的地位。它不仅是幼儿感受美、表现美和创造美的重要形式，也是表达对周围世界认知和情绪态度的独特方式，还是培养良好学习品质的重要途径。

《3—6岁儿童学习与发展指南》中强调尊重幼儿个别差异的原则，支持和引导幼儿在原有水平上向更高层次发展，切忌用一把"尺子"衡量所有幼儿。特别在艺术领域中提出，成人应对幼儿的艺术表现给予充分的理解和尊重，不能用自己的审美标准去评判幼儿，更不能为追求结果的完美而对幼儿进行千篇一律的训练。老师们似乎懂了，胆子似乎小了，无从下手，结果在美术活动中出现了以下几种现象。

1."放羊状态"。开展美术活动时，老师不敢示范、不敢教、不敢评价，担心讲多了会干预幼儿的创作，脱离上述指南的精神。

2."一教就死"。老师一示范，全体幼儿就会画得一个样，如太阳总是红色的，总是画在右上角，幼儿的美术表现手法就会出现概念化。

3."我不会画"。幼儿的想象力天马行空，但很多幼儿却表示自己不会画。

4."不给你看"。很多幼儿担心自己的画会被别人嘲笑，便将画藏起来，或用手盖住，不给同伴、老师、家长看。

5."老师，他说我画得难看！"幼儿私底下会互评，然而由于评价语言贫乏，诸如好看、难看、漂亮、丑，两级评价偏多，很多被评价幼儿深受打击。

美术教育是不是出了问题？为此，我们特级教师工作室进行了专门的课题研究，连续跟踪了 64 个教师美术活动中的评价场景、190 个幼儿的互评场景，整理出一套评价促进模式：理解、表扬、鼓励等，一套抑制模式：拒绝、催促、批评等，并发现幼儿的自我正面评价和他的美术表现力呈正相关。

因此，我们从评价入手助推幼儿自主、自如、自信地表达所感所想，彰显自我个性，提升美术表现力。

到户外写生，让孩子们自由绘画

一、评价贯穿全时段

以往的美术活动评价时段停留在美术课结束时，老师评一评、看一看，导致评价仅限于单一时间。现在，我们的做法是让评价贯穿整个美术活动，可以是开始时、过程中、结束后，根据内容和需要将评价贯穿整个时段。

幼儿写生"瓶花"并自评美在哪里

如写生"瓶花"时，以评价开启活动，让幼儿先评一评瓶花美在哪里，知道瓶花有前后关系、大小关系、上下关系、疏密关系，还会感受到色彩、线条、形状的美。这个过程中，教师会适当提醒，对能坚持、大胆作画、有想法的幼儿给予肯定。结束后，让幼儿自评，说说自己的画美在哪里。这使评价贯穿整个活动，推动幼儿前进的步伐。

二、你我他都来评

从评价主体来看，我们已经注意到评价不仅仅是教师对幼儿的评价，还包括幼儿对自己的评价、幼儿之间的评价、家长对幼儿的评价等。在这方面，我们进行了一些尝试，以"我的爸爸是大花脸"美术活动为例，活动评价表中就包括幼儿自我评价和他人评价。

其中，大班幼儿的他人评价尝试了两种方式，即老师和家长评价、同伴互评（同伴眼中的我）。每个评价主体会从不同角度看到幼儿的闪光点，形成优点聚焦，能使幼儿的优点显性化。如家长评价："你在爸爸的额头上画了房子，把爸爸的职业表现出来了，人家一看就知道爸爸是设计师，好厉害！"

幼儿写生、互相评价　　　　家长评价幼儿作品《大花脸》

三、从美学和学习品质角度评

　　幼儿在美术活动中的鉴赏、评价、对作品的理解有独特的视角，是天生的艺术家。所以，我们要相信幼儿有能力评价自己和他人，引导幼儿学习归因，从美学、学习品质等多角度正面评价自己和他人的创作活动，了解自己和他人的表现形式，彰显表现个性，树立自信。

　　美学角度评价包括线条、色彩、造型、构图、材料运用、关系等，学习品质角度评价包括主动性、兴趣性、专注性、独立性、创造性、坚持性等。如写生"菠萝"活动中，幼儿尝试从美学和学习品质等角度来评价，A 小朋友说："你画的菠萝皮好像真的凸出来似的。"B 小朋友说："你画出了渐变的颜色，真好看。"C 小朋友说："你观察得真仔细，一直坚持把它画好，好佩服你啊！"D 小朋友说："你画出了叶子的层次，很茂盛的样子，很喜欢！"

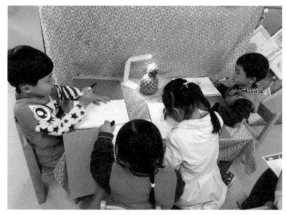

写生"菠萝"活动　　　　　　　　　　　　菠萝写生

四、用大拇指条互传评价

为了突出评价的重要意义，使成人和幼儿重视评价的价值，我们设计了一种有趣的、有仪式感的标签，即大拇指条。成人可以在大拇指条上写文字或画图，幼儿用绘画的方式把赞美的语言表现出来。幼儿非常愿意用这种方式将大拇指条送给自己和他人。如写生"好朋友"的活动

幼儿互评图

中，朋友俩各自写生、互相评价，把赞美的语言用画或请老师帮忙写在大拇指条上，一起体验写生后被认可的喜悦。也可让成人参与评价，读给幼儿听，也是一种很好的学习方式。

教师评价图

五、表扬幼儿的闪光点

我们观察到，幼儿的美术表现水平差异非常大，与遗传、家庭、环境都有关系。愿意表达是第一要素，但只要认真解读幼儿的作品和创作过程，就会发现每位幼儿都有值得肯定的地方。无论是美学还是学习品质方面，我们一定要找出这些点，以小促大，以优促优，用促进模式的理解、表扬、鼓励等手法，激发幼儿的美术表现力。如在写生"菠萝和火龙果"活动中，每位幼儿的表现手法是不一样的。其实，写生是手和眼的统一、理性和感性的统一、现实和理想的统一，真正理解了写生的含义，才能解读出幼儿这样表现的缘由。

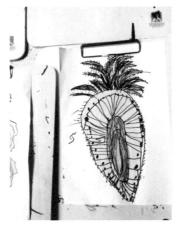

幼儿写生图

希望这些评价手法，使"放羊状态""一教就死"的教师在美术活动中有抓手，能更好地借助评价支持幼儿自主、自如、自信地表达；使"我不会画""不给你看"的幼儿能大胆作画，更有办法用言行为自己的作品和行为辩解或说明，以得到大家的尊重和理解，从而使评价全面助推幼儿美术表现力的提升。

（朱瑶　浙师大杭州幼儿师范学院附属幼儿园）

知识链接 **课程评价模式——目的游离评价模式**

目的游离评价是斯克里文针对目标评价模式的弊端而提出来的。他认为，评价者应该注意的是课程计划的实际效应，而不是预期效应，即原先确定的目标。在他看来，目标评价模式只考虑到预期效应，忽视了非预期的效应（或称为"副效应""第二效应"）。……他断定，根据预定的目标来评价，不仅没有必要，而且很可能是有害的。因为这会使评价者受课程目标的限制，大大缩小评价的范围，从而削弱评价的意义。

斯克里文主张采用目的游离评价的方式，即把评价的重点从"课程计划预期的结果"转向"课程计划实际的结果"上来。评价者不应受预期的课程目标的影响。尽管这些目标在编制课程时可能是有用的，但不适合作为评价的准则。因为评价者要收集有关课程计划实际结果的各种信息，不管这些结果是预期的还是非预期的，也不管这些结果是积极的还是消极的。只有这样，才能对课程计划做出准确的判断。

目的游离评价对目标评价模式的批判是击中要害的。……然而，目的游离评价也招致了不少人的批评。主要的问题是，如果在评价中把目标搁在一边去寻找各种实际效果，结果很可能会顾此失彼，背离评价的主要目的。此外，目的完全"游离"的评价是不存在的，因为评价者总是会有一定的评价准备，游离了课程编制者的目的，评价者很可能会用自己的目的取而代之。严格地说，目的游离评价不是一个完善的模式，因为它没有一套完整的评价程序。所以，有人把它当作一种评价的原则，这不无道理。

——《课程理论——课程的基础、原理与问题》
施良方　著

"不评价"策略呵护幼儿的绘画兴趣

对评价在幼儿园美术教学中的重要作用，大家已形成共识，但如何进行有效评价仍然是每个教师思索、探究的问题。针对这个问题，我对我班小弋进行了连续两年多的跟踪观察。从这个最初讨厌绘画到开个人画展的孩子身上，我对美术教学中的评价有了一种茅塞顿开的领悟。

一、有时候，不评价反而是一种有效的评价

"不评价"不是无视孩子的存在、无视孩子的作品，而是一种评价策略，用一种看似不经意的语言、神情让孩子忽略"教师"这个职业本身的威严，平和地接受老师的建议，从而敞开心扉，愿意尝试，逐渐建立信心，主动与老师沟通、评价自己的作品。

小弋刚上幼儿园时，非常害怕画画。一次画"可爱的我"时，他拿着画笔不敢下笔，嘟囔着："老师，我不会画自己。老师，我不想画。老师，我画得不好怎么办……"我轻轻走过去，微笑着回应他："你试试，说不定你会画得很棒呢，大胆画，只要是你画的，我都喜欢……"那些看似不经意的话，让孩子放下担忧，开始大胆涂鸦起来。

绘画过程中，我始终用目光关注着他。每次的目光对视，都让小弋更放心地继续画下去。终于，小弋的作品《可爱的我》出炉了。我没有刻意夸奖他的作品，而是用欣赏的语气告诉他："我非常喜欢这个带着翅

膀的小弋，也非常喜欢敢大胆画画的小弋。"这次之后，小弋每次画画时似乎大胆多了，也渐渐有点喜欢画画了。

小班作品：《可爱的我》

到了中班，小弋每次画画时总会有独特的想法。一次，我给孩子的绘画命题是"我喜欢的游戏"。大多数孩子表达了要画和好朋友一起拍皮球、玩滑滑梯等情景的想法，小弋却问我："老师，我可以画'植物大战僵尸'游戏吗？"我丝毫没有犹豫地回答道："可以，当然可以，只要你想画，都可以！"小弋开心地欢呼："欧耶！"

中班作品：《植物大战僵尸》

或许有人认为这不是个合适的主题，从而阻止孩子，但我认为画画本身没有价值界限。尤其对于孩子，大人永远不要用自己的价值判断左右孩子的想法，成人的指手画脚和过多干预只会让孩子对绘画不知所措、望而却步。小弋这份"初生牛犊不怕虎"的童真就这样被呵护了下来，每一幅作品都带着独有的想法，让人耳目一新。

大班了，小弋对绘画更加自信，每次画画时总说："老师，我想画和你不一样的""老师，我还可以画……"每次，我都会很肯定地告诉他："每个人都是不一样的，可以画出不一样的画！"没有特意地夸奖孩子如何有创意，但老师肯定、支持的态度让孩子感受到一种无形的力量，激励孩子迸发出创新的火花，也带给我们更多的惊喜。

二、提供展示的舞台，其实就是一种直观的评价

评价孩子的作品，不仅需要肯定的语言，更需要提供合适的平台。这样的平台能让孩子获得自信、增强信心，产生更浓厚的兴趣，拥有更高的追求。在小弋两年多的画画经历中，我们为他提供了丰富的展示舞台。

每年，我园都会组织一次"绘画小善秀"比赛活动，鼓励爱画画的孩子大胆参加。刚报名的时候，小弋非常紧张，总是缠着老师、爸爸妈妈问："什么是比赛？我不会画怎么办？"我们告诉孩子："和小朋友一起大胆画画就是比赛，只要能大胆地画出自己想画的东西就赢了。"就这样，懵懵懂懂的小弋进入了"绘画小善秀"的比赛舞台。然而，就是这样一个舞台，让小弋一发而不可收地爱上了画画。

记得那次绘画比赛的主题是"童眼看人事相善"，小弋虽然紧张，但能听清老师的要求，小心翼翼地开始作画。他说："我在幼儿园种树，请大象伯伯浇水，我们的幼儿园就会更漂亮了。"对啊，孩子眼中的美

就是这么简单！作品评选中，老师们评价小弋的作品色彩明亮，寓意非常贴切主题，因而获得了本次绘画比赛的"小善秀"。小弋的作品被张贴在优秀作品展览的走廊。每次走过，小弋都倍感骄傲，从此，他更爱画画了。

幼儿园里有一堵墙，一直都空着，园长听说我们班有个特别爱画画的孩子，就建议让他开"个人画展"。小弋接受了这个任务，愉快地开始了他的"个人画展"创作之路。在这个舞台上，他得心应手地施展才华，大笔一挥，"动物世界"一气呵成，颇有小画家风范。在成人眼里就是那么一堵墙，但对于一个6岁的孩子来说，却具有不一样的意义。也许以后他不会走上艺术创作之路，但这个经历对孩子成长产生的积极意义是不可估量的。这样的一堵墙，让小弋有了更长远的目标。他说："以后，我要开更大的画展！"

参加"绘画小善秀"比赛

在墙上作画

三、创设支持性氛围，更是一种隐性评价

有些因素，如支持性的环境材料、同伴的学习氛围、老师父母的支持态度等，看似跟绘画关系不大，但实践证明，这些因素虽然隐性，却是孩子绘画成长过程中必不可少的因素。

在老师潜移默化的熏陶下，同班的孩子都喜欢画画，孩子之间有了更多的共同语言，会用绘画的方式乐此不疲地交流自己近阶段关注的主题信息，小弋和孩子们的绘画能力在这一过程中得到快速提升。

家长的支持，一方面是创设环境条件，另一方面是精神鼓励。家长抱有正确的评价观，这点尤为重要，但往往会被忽视。所以，老师有责任做好这方面的工作。在这方面，小弋的家长就是一个表率，孩子也就获得了更好的发展。

喜欢画画的小弋已不满足于画单幅作品，他喜欢围绕一个话题不间断地画出很多情节。"个人画展"之后，小弋对恐龙表现出超浓厚的兴趣，画了一幅又一幅关于恐龙的作品。细心的父母帮他将这些装订成一本自制绘本，我让他把其中的故事讲给小朋友听。这样，小弋创作绘本故事的热情更加高涨。爸爸妈妈把他创作的绘本发到微信圈里，老师将之做成PPT分享给其他小朋友欣赏。一次，小弋的自制绘本《鳄鱼的一天》还被其他班的老师选作语言活动的素材。

自制绘本《恐龙的故事》

自制绘本《鳄鱼的一天》

如何培养孩子的绘画兴趣，评价孩子的作品，一直是老师、专家共同探讨的话题，但是很多时候，因为"太用力"却适得其反，让孩子产生畏惧心理，从而远离了绘画。如果我们能用一种"不评价"的平和心态对待孩子的绘画行为和作品，相信每个孩子对绘画都会爱得停不下来。

（徐敏娟　江苏省无锡市梅村中心幼儿园）

知识链接　**课程评价模式——CIPP 评价模式**

CIPP 是由背景评价、输入评价、过程评价、成果评价这四种评价名称的英文第一个字母组成的缩略词。斯塔弗尔比姆认为，评价不应局限在评定目标达到的程度上，而应该是为课程决策提供有用信息的过程，因而他强调，重要的是为课程决策提供评价材料。CIPP 模式包括收集材料的四个步骤。

第一，背景评价，即要确定课程计划实施机构的背景，明确评价对象及其需要，明确满足需要的机会；诊断需要的基本问题；判断目标是否已反映了这些需要。背景评价强调，首先应根据评价对象的需要对课程本身做出判断，看这两者是否一致。

第二，输入评价，主要是为了帮助决策者选择达到目标的最佳手段，而对各种可供选择的课程计划进行评价。这一步骤要回答："考虑过哪些计划？为什么选择这个计划而不选择其他计划？这个计划的合理性程度如何？有多大成功的把握？"如此等等。这个阶段可以被理解为课程计划的可行性评价。

第三，过程评价，主要是通过描述实际过程来确定或预测课程计划本身或实施过程中存在的问题，如有关活动是否按预定计划得到实施，是否在以一种有效的方式利用现有的资源等，从而为决策者提供如何修正课程计划的有效信息。所以，它需要对计划实施情况不断加以检查。

第四，成果评价，即要测量、解释和评判课程计划的成绩。它要收集与结果有关的各种描述与判断，把它们与目标以及背景、输入和过程方面的信息联系起来，并对它们的价值和优点做出解释。在斯塔弗尔比姆看来，成果评价仍然是质量控制的一种手段，而不只是最终的鉴定。

CIPP 评价模式考虑到影响课程计划的种种因素，可以弥补其他评价模式的不足，相对来说比较全面。但由于它的操作过程比较复杂，所以难以被一般人掌握。

——《课程理论——课程的基础、原理与问题》

施良方　著

巧用评价，引导幼儿主动学会测量

希希有一阵子没来幼儿园了，所以，前期有关测量的活动，她都没有参加。这次回来后，特别要求她在区域游戏中完成对树叶的测量。

一、随意画测量工具来表示在测量

我们对她的测量记录展开了讨论，很多小朋友提出了自己的看法。

润润说："希希，你有必要再在树叶上方写上数字吗？太麻烦了！而且，你没有算上根（叶柄下端的区域）。"

希希测量时忽略的部分，被润润发现了。

琰皓说："希希没有画树叶的纹路。"

几个小朋友陆续对希希的测量记录发表意见，大部分发言指向测量结果的表达方式欠缺和树叶画得不够好。

直到嘉懿说："我觉得测量结果为 9 的树叶小，测量结果只有 8 的树叶反而大。"

嘉懿的这一发现引起大家的共鸣。

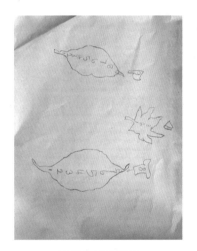

希希的测量记录

希希解释说:"小的树叶是因为我画得很紧,数字很满,所以就变成这样了。"

我问大家:"你们觉得这样测量出来的结果准确吗?"

大家都认为不准确。

我又问:"那怎样才能准确地测量呢?"

大家纷纷给希希出主意解决这个问题。

沁儿说:"希希把下面空的地方写上就可以了。"

润润说:"我觉得有两种方法:一种是可以在这个上面画上火柴和夹子;还有一种是可以在上面画上尺子来测量。我觉得这两种方法比较好。"

彦兮说:"我觉得可以画点点来测量。"

……

于是,我请他们在区域游戏中按照自己的方法进行测量。之后,形成幼儿作品意见表和教师的幼儿作品意见表(教师评价)。

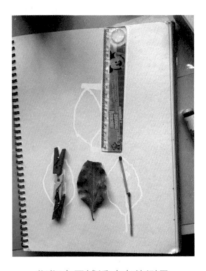

润润在区域活动中的测量

幼儿作品意见表:

幼儿:润润。

作品:树叶的测量。

1.我是如何测量的?

先描了树叶,然后在上面画了夹子,还画了尺子和火柴。

2.我觉得我哪里做得好?

我觉得我测量得挺好的。

教师的幼儿作品意见表：

描述：润润虽然"使用"火柴、夹子、尺子来测量，但都是画出来的。

运用到的概念和方法：用工具来测量，尝试了3种不同的工具。

分析和评价：润润经过前期的集体活动积累了一定的测量经验，知道要使用工具测量，知道测量工具要首尾相接。但是他仍然选择画出测量工具来测量。这让我非常困惑，认为他并不了解使用工具的真正原因。

二、主动探索使用测量工具的方法

通过前后两次的测量比对，润润发现，画工具测量和使用工具测量的结果并不一样。

润润测量完之后，我又请小朋友们对他的测量结果进行评价。这次大家都认为在他使用的测量方法中，用尺子测量最准确。

我发现孩子们在测量中都存在一个共性的问题：虽然知道用尺子测量获得的结果最准确，但是对于为什么准确并不了解，也不觉得测量一定要用工具，因此会用写数字、画点点等方式表征测量过程和结果。这表明他们对于测量中的等量概念并不是很清晰。

为了让幼儿对"尺"有更深入的了解，我们又开展了认识"尺"的集体活动，希望小朋友们通过对尺的观察，了解尺的特点：尺上面有很多线，有的线长，有的线短，长的线旁边有数字；数字是按照"0、1、2、3、4"这样排下去的；线跟线之间的距离相等。之后，我们对孩子们的测量活动进行观察和评价。

润润的第二次主动测量

教师的幼儿作品意见表：

幼儿：润润。

作品：手的测量。

描述：润润使用尺来测量，并且把尺上的数字依次画了出来，还用箭头标注出来。在手的旁边画了两个身上有五角星的小人。

运用到的概念和方法：用箭头来表示测量的方向和范围。运用了测量工具"尺"，用数字有规律地排序。

分析和评价：润润选择尺作为测量工具，并且在测量记录上把数字依次写上，表示他对测量有了更深的认识，明白了长度是一种等量递增的关系。润润完成测量后，兴奋地看着旁边的两个小人，我能够感受到主动学习带给他的快乐。

三、不断调整测量方法，使结果更准确

在接下来的一段时间里，围绕测量活动，小朋友们的关注范围从测

量长度延伸到温度。可是，我发现他们还有点搞不清楚测量工具和测量内容之间的关系。于是，我发放了一份调查问卷，期待小朋友们能够通过这份问卷厘清两者之间的关系。在谈话活动时间，羽辰在全班同学面前展示了自己用尺测量的方法。

润润的第三次主动测量

羽辰介绍完自己的"测量调查表"之后，在当天的区域活动中，润润又主动完成一张测量记录。之后，再次形成幼儿作品意见表和教师的幼儿作品意见表（教师评价）。

幼儿作品意见表：

幼儿：润润。

作品：测量手、小人、橡皮。

1.我是如何测量的？

我是用尺测量的，还在上面、下面画了线，这样表示会更准确。

2.我觉得我哪里做得好？

我觉得我上面和下面都画了线就更准了，因为圣诞节要到了，就画了一些装饰。

教师的幼儿作品意见表：

描述：这次，他不仅测量了手，还测量了小人、橡皮。因圣诞节来临，他还画了一些装饰物。

运用到的概念和方法：他在测量物的上、下画了基准线来校准测量范围，用箭头来标明测量范围。

分析和评价：润润对测量准确性的要求更高了，测量内容也有所增加，不仅测量了手的长度，还测量了小人和橡皮的长度。他在反复运用中掌握了测量的方法，用上、下基准线来划定范围，用箭头来标注测量范围。有意思的是，每次当他发现自己的测量方法不够准确时，仍会主动用学到的新方法进行尝试，这让我感受到润润强烈的自我学习能力和吸收知识的动机。

通过幼儿作品意见表、教师的幼儿作品意见表、幼儿的集体评价等，我清晰地看到润润是如何一点一点建构关于测量的技能和知识的。从最初集体活动中的模仿学习，到独自探索中的随意画测量工具表示自己在测量，再到主动地学习和探索如何使用测量工具，以及不断调整测量方法使测量结果更准确，幼儿作品的评价与分析在整个学习过程中发挥了导向性的作用。是评价让润润意识到了问题，给了他再次测量的动力。润润在这个过程中表现出的积极思考、大胆尝试、主动学习、善于吸收、敢于质疑的品质，不正是我们追求的学习品质吗？通过观察、解读和分析幼儿的作品，又使教师较好地把握了师幼互动中的进与退。

（王怡　江苏省镇江市京岘幼儿园）

课堂评价的功能

　　许多有关教育评价的著作在提及评价的功能时会罗列激励功能、导向功能、选拔功能、认证功能、诊断功能等诸多功能。其实，这并不意味着某一种评价会具有所有这些功能。相反，这种罗列只表明教育评价"可能"有这样一些功能，某一种特定的评价可能只拥有这些功能中的一个或者几个。

　　课堂的核心功能在于促进学生的学习。首先，课堂评价的性质决定了课堂评价必须以促进学习为核心功能。课堂评价不是凌驾于教学之上的一个孤立的环节，而是镶嵌于教学过程之中，与教学活动紧密地缠绕在一起，是教学的一个有机组成部分。作为一种教学活动，课堂评价必须指向于学习的改进。其次，课堂评价也能够有效承担促进学习的功能。相对于外部评价，教师在课堂层面的评价更可能是情境化的，作为被评价者的学生能够更好地参与其中，能够更好地回应特定学习内容、特定学生的需求和学习状况，能够持续地实施，能够持续、及时地发现问题，从而调整自己的教学，并向学生提供反馈，有效地促进学生的学习。

——《课堂评价》

王少非　主编

巧设情境，学看日历

日历是生活中一种不可缺少的工具。大班幼儿已积累了一些有关日历的经验。为帮助幼儿整理已有的对日历的感性经验，探索日历中数字的秘密以及数字间的相互关系，激发幼儿对日历认识活动的持续兴趣，我们尝试通过评价促进幼儿学看日历。

一、借用评价表链接幼儿已有经验，发现幼儿个体差异，呈现"最近发展区"

我们借助"一个月有几天"和"特殊的日子"评价表，将幼儿隐藏的已有经验外显，实现主体经验与客体经验的转换。这有利于教师快速准确地把握幼儿的"最近发展区"，分析幼儿整体水平与个体已有经验，实现有效的教学活动设计。

一个月有几天

班级：　　　　姓名：　　　　时间：

月份	天数
1 月	
2 月	

月份	天数
3 月	
4 月	
5 月	
6 月	
7 月	
8 月	
9 月	
10 月	
11 月	
12 月	
哪几个月的天数是一样多的?	30 天
	31 天

填表说明：你记录的情况怎么样？3 颗星表示记录完全正确，2 颗星表示记录有对有错，1 颗星表示需要继续努力！

特殊的日子

班级：　　　　姓名：

我的生日		月　　　日
儿童节		月　　　日

劳动节		月　　　日
端午节		月　　　日
国庆节		月　　　日
中秋节		月　　　日
元旦		月　　　日
你还知道哪些特殊的日子？请记录下来。		

　　通过分析评价表，发现存在两种情况：一是幼儿对日历已有经验差异大，有个别幼儿能正确看日历；有几个幼儿对日历的经验仅停留在星期几的认知上；大部分幼儿已经有年、月、日的概念，知道今天是几月、几日、星期几，也知道自己的生日和特定节日。二是同一个数字在日历

中的含义是不同的，幼儿理解起来有难度。

数字是相对抽象的概念，借助游戏化的教学方式，利于调动幼儿参与活动的积极性。因此，我们将活动目标设置为：学习使用日历的过程中，了解日历的用途；对照日历，在"快递员"的游戏情境中，以某一天为基准推算前一天和后几天；体验游戏的乐趣。

二、巧用"快递员"角色，引入情境式评价表，发现日历与日常生活的联系

情境式学习是幼儿有效的学习途径，幼儿的学习是通过自身的经验，感知环境中的事物并同化和顺应的过程。在这一过程中，教师通过创造学习情境让幼儿感知事物并重组经验，有助于幼儿更好地学习。

活动以"快递员送生日礼物"的方式创设讨论情境：快递员收到了好朋友送给你的生日礼物，打算在你生日的前一天送达。在情境式评价表中，幼儿要记录自己的生日日期，并推算生日的前一天是哪天。生日是每个孩子熟悉又期待的特殊日子，此情境实现日历与幼儿生活经验的紧密联系，强调幼儿的个体化学习。

在"为方便快递员在准确时间送上礼物，教师鼓励小朋友在日历上贴上自己的生日标志"的情境下，幼儿积极主动地学习先找月再找日的方法，在日历上找出自己的生日日期，贴上标志，并检验推算日期的准确性，提高主动学习能力。

生日标志

生日	月　　　日
礼物	月　　　日

在日历上找出自己的生日和送礼物日期。

找出生日和送礼物日期

星期日	星期一	星期二	星期三	星期四	星期五	星期六
		1	2	3	4	5
6	7	8	9	10	11	12
13	14			17	18	19
20	21	22	23	24	25	26
27	28					

三、妙用"幸福快递公司"游戏情境，通过快递单评价表 推动个性化学习

体验是游戏的根本要求，幼儿在"幸福快递公司"的游戏情境中可以扮演小小快递员的角色。他们接收来自不同城市的快递，有上海、北京和香港的。通过阅读快递单上的日期，了解去往不同城市所需的时间，即以某一天为基准向后推算所需天数，将送达快递的日期记录在快递单评价表上。

孩子们对照日历忙开了，其中涉及很多对日历的前期经验，如跨月推算、月和日的数序关系。在此基础上，解决这些问题又归因到学看日历上，清楚物品的购买日期，再往后推算1~3天。

快递单评价表设置了不同层次。例如，跨月推算，推算1~3天。孩子们借助快递单评价表，根据自己的需求选择送达上海（往后推算1天）、送达北京（往后推算2天）、送达香港（往后推算3天），满足不同水平幼儿的需要。

四、活用工资结算评价表，层层递进游戏情境，巩固学习环境

幼儿通过工资结算评价表自我验证送达的准确日期。教师观察幼儿错误的验证，及时发现问题，帮助个别幼儿解决问题，使他们的个体化学习更具针对性。同时，鼓励幼儿独立发现问题，引导他们可在需要帮助和有疑问时向成人求助。

游戏情境中，教师预设了一张快递底单，底单上有快递送达的准确时间。因为每个包裹的送达时间不同，底单很好地解决了不能集体验证

和逐一验证浪费时间这两个问题。幼儿自纠自查、自我验证，提高了主动学习的能力。同时，底单上有一栏是"工资结算"，幼儿可根据送达时间往后推算 3 天可获得工资。

快递底单

在一轮又一轮、任务层层递进的游戏情境中，幼儿的情绪状态自始至终都是积极的、主动的、投入的。

（吴巧莲　浙江师范大学杭州幼儿师范学院附属幼儿园）

知识链接　教学评价的必要性

　　没有评价的教学在措辞上就是一种矛盾。教学的本质就要求教师、学校行政部门、家长以及学生本人不断地进行价值判断。尽管并非所有判断都同样重要，但是许多判断却能产生持久的、重要的影响。而且，由于教学的重要性，教师就不能仅仅根据直觉随意地或习惯性地做出判断，而是应该为了本班学生去收集、分析、利用一切相关证据，做出最有效的决定（评价）。

　　这些决定包括：1. 每一年级水平的学科特征；2. 按照学生当前的知识水平和社会态度与价值观来判断需要取消、修改或保留的课程；3.如何改善教学以保证学生能够学到东西；4.在班级内如何组织学生以使学生的学习达到最优化；5.如何判断学生是否能够记住知识；6.哪些学生需要补习或深入学习课程知识；7.哪些学生会从为智力障碍、情绪障碍或者身体残疾儿童护理或社会设置的特别方案中受益；8.哪些孩子应该求助于学校咨询师、心理学家、语言矫正者、工作者；9.怎样清楚有效地理解和解释每个学生的进步。

当然，这些条目并不能详尽论述所有的可能性。在学校中，教师每天都必须应付一件又一件的事情：阿登打了比利，克里斯忘了带午餐钱，戴尔把笔记本忘在家里了，等等。这些日常事件通常不具有重要意义，但是教师仍然需要具备评价和测量原理方面的知识。

——《教育和心理的测量与评价原理》

【美】吉尔伯特·萨克斯　詹姆斯·W.牛顿　著

王冒海　等译

细化目标，开展有效的幼儿发展评价

近期，教师们都积极投入课程改革的实践，希望通过对幼儿过程性的发展评价来推动课程有效实施，最大限度地支持和促进幼儿发展。然而，教师对如何有效开展幼儿发展评价存在很多困惑。

分析教师们存在的困惑，实际上是教师在课程目标与幼儿观察之间发生了断层。因此，只有链接起课程目标和幼儿行为表现之间的关系，也就是让评价具体化、情境化、可操作化，才能缓解这一困境。

一、评价具体化

链接课程目标和幼儿行为，即把目标具体化为期待儿童出现的目标行为。在中班"朋友，你好"主题下，教师抓住教育契机，基于"关爱"的内涵生发了"关爱同伴"的一系列活动。"关爱"指向《3—6岁儿童学习与发展指南》社会领域"人际交往"中的"关心尊重他人"，针对4—5岁幼儿的行为表现描述如下：

1. 会用礼貌的方式向长辈表达自己的要求和想法。

2. 能注意到别人的情绪，并有关心、体贴的表现。

3. 能体会到父母为养育自己付出的辛劳。

若针对"关爱同伴"的关爱对象——同伴，我们首先需要对目标进行筛选和迁移：

1. 会用礼貌的方式向同伴表达自己的要求和想法。

2. 能注意到同伴的情绪，并有关心、体贴的表现。

3. 能珍惜同伴的劳动成果。

要链接目标与儿童，还需要将以上的目标具体化为儿童一日生活中的行为表现，这样教师才可以在课程实施过程中敏锐察觉，及时推动。通过实践与研究，我们认为，目标的具体描述转化为幼儿行为，应包括行为情境、行为表现和行为程度等要素。行为表现应该是描述幼儿可观察、可测量的具体行为，如说出、拥抱、指出、比较等。行为程度是指幼儿在不同的发展阶段所呈现的不同行为，以期更准确地描述幼儿行为。对行为情境的还原和描述，可以提高教师对幼儿行为观察的准确性和敏锐性。

因此，将以上三条目标再进行具体的行为情境、行为表现和行为程度等方面的具体化操作。如针对第二条"能注意到同伴的情绪，并有关心、体贴的表现"，观察到的幼儿行为可能会呈现不同的行为表现和程度，目标可以具体化为：

1. 能识别同伴的愉悦情绪和难过、生气等情绪，会表现出共同交谈或放低说话音量不打扰等不同的回应行为。

2. 看到同伴难过、生气时，说出安慰的语言。

3. 看到同伴有困难时，能给予一定的帮助。

......

有了对可能观察到的行为的预想，把目标转化为幼儿可能的具体行为表现，教师在主题实施过程中才能针对具体目标选择主题内容，有目的地捕捉相应的儿童行为，从而评价活动对儿童支持的效度。

二、评价情境化

就典型行为进行具体化的描述后，我们还可以链接幼儿一日生活中可能出现的生活情境，结合主题素材中的故事情境等进行目标行为的拓展。

开展"关爱同伴"的主题前，基于对"关爱"内涵的理解，我们请幼儿共同表达和互相倾听同伴的需求："你在……时候特别需要得到同伴的关爱？"幼儿进行了充分的表达，他们提到了"生气时""遇到困难时""担心害怕不敢登上舞台时"等情境。同时，教师及时捕捉儿童自发的关爱行为，对这些情境下儿童可能出现的"关爱"行为进行描述和对目标给予进一步补充。

和儿童共同回顾、记录

当看到同伴生气时，能通过聆听、陪伴、安慰、共同游戏等方式表达自己的关心。

当同伴遇到困难时，能通过鼓励、共同想办法、帮助等方式表达自己的关心。

当同伴害怕时，能以不嘲笑、耐心等待、讲故事、鼓励、表扬等方式表达自己的关爱。

当同伴病了、累了，主动询问原因，照顾她或不打扰。

当朋友有需要时，愿意迁就、等待、为他服务等。

……

有了这些更具体生动的情境和情境化的目标后，教师更容易抓住生活契机进行观察、评价和适时推进。如在主题活动开展中，针对"生气"情境，教师原来的处理方法是"灭火"，但有了具体化的目标后，可能会退一步观察幼儿是如何解决的，其他幼儿是如何表达对"当事人"的关心的。这样的观察可以让教师能够基于关爱目标评价不同发展水平的幼儿，并基于不同幼儿表现出的行为进行有针对性的谈话或进一步的主题推进。

三、评价可操作化

针对目标的情境化、具体化描述，对照教育教学实践，教师可以进行具体分析，给予幼儿有针对性的观察、评价和引导。

检核表设计：有针对性的观察和评价。

有了能直接链接幼儿行为的目标，我们可以设计一些表格支持教师的观察记录。如在"关爱同伴"的活动中，对照相应的检核项目，我们可以根据某位幼儿一段时间内的行为跟踪他在此项能力上的发展线索，也可观察和对照一组幼儿在此项能力中的不同表现，进行有针对性的评价和指导。

幼儿"关爱同伴"发展检核表

姓名：涵涵、乐乐　观察者：×老师　班级：中班
注：在幼儿有相关表现项目上打"√"，没有机会观察的项目上写 N，其他项目留空。

具体化目标行为描述	不同层次的目标行为表现	日期及案例描述
中班幼儿能识别同伴情绪和需要，表现出等待、放低音量、陪伴、交谈、说安慰的话、走开不打扰、提供帮助等适宜的回应行为。	能关注同伴，在同伴发起互动时，能做出聆听、赞同、回答、说感谢的话等积极的回应。√ 能识别同伴情绪，并做出适宜的回应。＿ 能识别和谈论不同的关爱情境与方法。＿ 当同伴生气时，能尝试以倾听、陪伴、安慰、共同游戏等方式表达自己的关心。＿ 当同伴遇到困难时，能尝试以鼓励、共同想办法、帮助等方式帮助他们。√ 当同伴害怕时，不嘲笑，尝试以讲故事、鼓励、赞扬等方式表达自己的关心。＿ 当同伴病了、累了，主动询问原因、照顾她或不打扰。＿ 能识别朋友的需要，愿意迁就、等待、为他服务等，能提供适宜的帮助。√ ……	4月28日 我给朋友点赞 （教师为儿童创设了点赞墙，当得到别人关心时，就在点赞墙上为她贴上小花点赞。） 这天中午，涵涵起床后鞋穿不好，很着急。他试了几次，都没有成功。乐乐看到了，让涵涵坐在小椅子上，蹲下来为涵涵系鞋带。他一边系，一边告诉涵涵方法。系完鞋带后，他问涵涵："会了吗？"涵涵没说话。 过了一会，涵涵到点赞墙上为乐乐贴了一朵小红花。

乐乐为涵涵系鞋带　　　　涵涵为乐乐贴小花点赞

任务设计：有针对性的目标定位与观察。

当我们心中有了具体化、情境化的行为表现后，可以根据主题开展情况和评价需要以及行为目标设计任务，以观察幼儿在任务中的行为表现，并进行评价。

根据主题活动中对涵涵的观察，涵涵刚开始并不能察觉同伴对自己的关心。于是，教师引导他与同伴互动，和他交流感受。在上述案例中，他已经能主动为同学点赞，对同伴的帮助表现出积极的评价。根据检核表上的内容和层次，涵涵处于"感受被关爱"和"尝试表达关爱"两个层次之间。因此，以"引导涵涵能尝试表达关爱方法"为目标的任务设计如下：

活动中，教师引导涵涵观察自己"被关心"的事件照片，表达被同伴关心的方法。若能胜任，进一步提供"关心"绘本，请涵涵说说故事里的关心方式，丰富经验。结合"关爱同伴"发展检核项目的目标行为描述，我们定位活动目标时，结合具体的情境，描述如下。

（中班幼儿）能表达被关心的温暖感受。

能辨别和说出不同情境下的关心方法，尝试评价这些关心方法。

有了这些关心方法，教师可以在一日生活中进一步观察涵涵运用关心方法的意识和方法，以确定下一个推进的目标和任务。在具体的目标下，我们在活动中能确定对幼儿的行为观察和指导重点，更具针对性。

通过细化目标的课程实施准备，儿童行为差异更容易被捕捉，教师的教育智慧更容易生成，个性化的儿童发展评价则更有效。

（黄雯君　杭州市西湖区文苑学前教育集团）

知识链接　**教学与测评的关系**

制订教学方案时，我们最关心的是"怎样才能最有效地促进学生的学习？"面对这一问题，我们的注意力自然地集中到教学内容和教学方法之上。在这个时候，我们应该考虑教学过程中测评的作用问题。只要设计到位，运用得当，测评过程能够对提高教学质量、促进学生学习起到积极作用。

满足下列条件时，教学将最有效：1.以一系列界定清晰的教学目标为导向。2.教学内容与方法符合所要达到的教学结果的需要。3.教学设计符合学生的特点和需要。4.教学策略建立在有意义的、可靠的和相关的信息基础上。5.定期让学生了解自己的学习效果。6.对尚未达到教学预期目标的学生采取补救措施。7.定期检查教学的效果，并对教学目标及教学活动进行必要的调整。

满足下列条件时，测评将最有效：1.以一系列界定清晰的教学目标为导向。2.测评的功能及实质与测评结果要相符。3.测评的设计符合相关学生的特点，并且，对每个学生都公平合理。4.测评提供有意义的、可靠的和相关的信息。5.及早向学生反馈测评结果。6.测评结果要能反映学生学习上的弱点。7.测评结果要为评价教学目标、教学方法及教学内容提供有用的信息。

——《学业成就测评》(第七版)

【美】诺尔曼·格朗伦德　著

罗黎辉　孙亚玲　等译

"故事汇"：实施效果评价，让儿童的发展看得见

一直以来，人们尝试从不同角度认识和定义教育评价，但基本核心离不开这样几个关键点：收集信息、判断价值、改进活动，终极目标必定是致力于幼儿的发展。

在众多的教育评价方式中，实施效果评价一般是通过对幼儿的发展评价来确定的。"故事汇"评价作为我们对实施效果评价的一种尝试，是用叙事的方式对幼儿的学习进行评价，可以用于观察、记录、评价和支持幼儿的学习与发展。它有许多特点，如清晰的关注视角，有选择性的记录，不拘泥的撰写形式……

一、"故事汇"是什么？ 制作过程即评价过程

为保证实效性和完整性，"故事汇"制作一般安排在课程后期，通过对课程的回忆、讨论、记录、计划（这四步并不一定按顺序发生，也会重叠交织在一起），将幼儿典型性的活动片段，如行为表现、思考及困难等，以图画描述和文字叙述等形式呈现出来。

"故事汇"制作过程即评价过程

"故事汇"制作过程	"故事汇"评价主体		
	教师	幼儿	家长
回忆	基于对幼儿活动有目的地持续观察，回忆记录的相关资料。	借助图表、照片等媒介，回忆自己和同伴的探究活动。	在分享、讨论中了解幼儿探究活动的线索路径、幼儿的发现和思考，甚至是困难，鼓励和帮助幼儿将其有意义的片段用自己喜欢的方式记录下来。
讨论	对幼儿表现性行为进行讨论：当时你为什么这么做？你是怎么想的？		
记录	将幼儿活动中的表现性行为及背后的思考，以文字描述为主要方式进行记录。	对自己和同伴在探究活动中的所思所为，以图文表征、文字符号等形式记录下来。	
计划	分析幼儿探究行为的意义，思考进一步支持幼儿学习的策略。	回顾自己和同伴的探究之旅，表达接下来的探究意愿。	聆听幼儿的想法和愿望，给予一定的支持和建议。

二、"故事汇"有什么用？ 回顾过程即评价本身

以中班"浇花器巧变身"为例，"故事汇"记录下浇花器的演变过程：从公园里看到浇花器到幼儿园里亲自做浇花器，孩子们通过在水瓶上戳洞做出各种第一代"水流浇花器"，后续又用瓶子盖盖子的办法，将浇花器改良成有控制水流开关的第二代"旋转浇花器"。一次放假，孩子们说："我们休息了，可植物还要喝水，怎么办？"医院里的输液瓶给了他们灵

感，于是生成第三代"输液浇花器"和第四代"太阳能浇花器"。

从公园浇花器中得到灵感的第
一代"水流浇花器"

孩子们在制作"水流浇花器"

第二代"旋转浇花器"的秘密

第三代"输液浇花器"

第四代"太阳能浇花器"

可以看出，"故事汇"让幼儿富有情境性、复杂性、持续性的学习变得清晰可见。当幼儿的学习过程、经过的路径、付出的努力和最终的学习成果跃然纸上时，我们从"故事汇"里不仅能看到、看懂幼儿的发展，而且在重温、分析和解释他们的行为时，也在对整个过程进行评价。换言之，回顾过程即评价本身。

基于园本课程——探究性课程，我们对"故事汇"实施效果的评价更多地围绕"探究"进行。在《3—6岁儿童学习与发展指南》的基础上，我们参考全美幼教协会（NAEYC）幼儿科学教育标准、美国高宽课程标准、作品取样系统发展指引，经过对比发现："观察""比较""记录"是科学探究中被最普遍认可的基本能力。此外，结合《3—6岁儿童学习与发展指南》内容，把"猜测推断""操作""表达交流"纳入其中，最后整合形成我园幼儿科学探究领域的评价目标维度，即"故事汇"的评价目标维度：探究兴趣、观察比较、猜测推断、操作记录和表达记录。它主要聚焦幼儿如何积极通过观察、比较、操作、记录、描述等凸显探究这一核心价值。

　　在中班"浇花器巧变身"的"故事汇"案例中，从横向上看，每一代浇花器在五个目标维度下的表现指向是不一样的。在第一代"水流浇花器"中，孩子们的探究兴趣主要聚焦水流现象，关注洞的多少和位置与水流现象的关系，并进行猜测推断，所以操作记录中就将其作为主要对象。同时，他们还非常乐意交流水流的样子，给浇花器取名字。

　　在第二代"旋转浇花器"中，孩子们的探究兴趣主要聚焦于控制水流上，观察、比较水瓶都有盖子，为何水流不一样，推断水流是否与瓶盖有关系，并用两种方法尝试控制水流。他们的表达交流围绕是否会流水以及为什么会流水。

　　在第三代"输液浇花器"中，孩子们的探究兴趣主要聚焦于长时间控制水流上，观察并比较开关与流速、一瓶水流大小、流量多少以及开关和容量是不是都有关，于是制作了仿吊针的浇花器。他们交流的兴趣围绕这样行不行、需要注意什么来进行。

　　从纵向来看，在同一目标维度下，其表现指向的呈现也不一样。例如，从兴趣表现这一角度来说，从"故事汇"中能够明显地看到，幼儿的兴趣是主动发生的，不断持续被激发，能完成任务的难度越来越大。

"浇花器巧变身" 中的幼儿发展评价分析

评价目标维度

		探究兴趣	观察、比较	猜测、推断	操作记录	表达交流
NO.1 水流浇花器	表现指向	水流现象	洞的多少和位置与水流现象的关系	水流是否与洞有关？	尝试戳洞，引水流。	水流样子，取名字。
	故事呈现					
	效果评价	从水流现象的关注到探究其产生的原因，并对其现象和原因进行观察与思考。				
NO.2 旋转浇花器	表现指向	控制水流	同样有盖子，水流不一样。	流水是否与瓶盖有关？	尝试控制水流（有两种方法） 是否流水？为什么？	
	故事呈现					

		评价目标维度			
		探究兴趣	观察、比较	猜测、推断	操作记录	表达交流
NO.2 旋转浇花器	效果评价	对新发现会大胆联想、专注探究、设法验证，并在同伴共探中了解其中的秘密，为自己的发现感到高兴和满足。				
	表现指向		开关与流速、一瓶水流多久。	流量的多少和开关与容量都有关。 制作仿吊针的浇花器	能行吗？需要注意什么？	
NO.3 输液浇花器	故事呈现					
	效果评价	能关注和关心自己生活中的事物，尝试用自己的设计制作为其提供帮助，感受小科技服务于生活的力量。				

三、"故事汇"核心价值在哪里？读懂故事即读懂幼儿发展

故事的发生与进展来源于幼儿的兴趣，教师适时给予支架与平台，让幼儿有机会实现自己的想法。幼儿在亲身经历、直接感知、实际操作中，自身的动手能力、语言概括能力、创新思维能力都有了不同程度的提高。

"故事汇"将原先零散的记录经过系统的编排，以故事的形式呈现幼儿的探究经历，使幼儿的实际发展更加通俗易懂，受众也更多元。无论是幼儿，还是教师或家长，都能在制作与回顾中有所收获。

对幼儿来说，它是一本自制故事书。真实的事件、珍贵的记忆，身为主人公的他们感受着作为学习者的自信，感受着成长的力量。对没有参与其中的同龄幼儿或弟弟妹妹来说，这也是一本特别能引发思考的故事书，体现了传承和传递的价值。

对教师来说，整理、编辑、回顾"故事汇"，在与幼儿的言语、记录、图案等表征的亲密互动中，一边为他们的想象力而激动，一边为他们悄然无声的成长变化而惊叹，同时也在反思中鹰架幼儿的学习路径，进一步深化和拓展他们的学习活动。

对家长来说，通过"故事汇"，结合平常与孩子一起做的分享、记录，能更加直观、形象、深入地看到和理解孩子的学习与成长轨迹。我们不仅可以看见自家孩子的学习，也可以看见不同孩子的学习，产生不同的思考，从而进行更全面的教育。

"故事汇"助推幼儿发展，记录幼儿成长。它不仅融入了多元化的声音，与现实活动中的问题建立连接，更用一种平易近人的方式，将真实的幼儿展开给有心人看，让他们在故事中读懂幼儿。

（何妨　宁波市江北甬港幼儿园）

根据赫尔曼、阿什巴彻和温特斯的观点，任何一种高质量的评价都应考虑如下十个关键问题：

1. 评价必须与意义重要的教学目标保持一致。2. 评价必须对学习过程和学习结果进行测查。3. 基于表现的活动并不是评价本身。4. 认知学习理论及其建构主义知识学习方法非常赞同把评价方法论与教学结果和课程内容进行整合。5. 整合学习观和主动学习观要求对学生评价的综合化和复杂化。6. 评价方案设计取决于评价目的，评分方案和监控学生进步的方案与诊断和改进方案之间存在着明显的区别。7. 有效评价的关键在于教学任务和预期的学习结果之间的吻合。8. 评价学生表现的标准至关重要，缺乏评价标准的评价仍将是孤立的、片段性的活动。9. 高质量的评价能够为学生的学习提供大量的反馈信息，教师可以根据这些反馈信息做出决策。10. 最能综合反映学生成长的评价系统包括过去一直在使用的多种方法。

——《怎样评价学生才有效》

【美】Ellen Weber 著

陶志琼 译

重视过程性评价在语画课程中的重要价值

"童画童语课程"（以下简称"语画课程"）是基于对话教育理念而构建的课程。我们关注"儿童的一百种语言"，利用三种媒介——"与画对话""与书对话""与乐对话"，来触发幼儿的多元表征。通过这三种媒介，我们和幼儿一同构建平等的对话世界。

对话的过程，能有效激发幼儿的自主表现。幼儿结合各自的情绪情感、生活体验，想象和创造出多种表现手法和形式，在不同层面交织、互动，由此将看到的、听到的、碰触到的转化为自身的经验，以自己的学习方式感受、表达、创造。

一、三种媒介——触发幼儿多元表征的对话世界

"与画对话""与书对话""与乐对话"，这三种媒介不仅作用于我们与幼儿一同构建的环境、教学、游戏，而且所有的手段又回溯到三种媒介当中，在不断的对话中，更好地帮助我们支持幼儿的学习和发展。

第一种媒介："与画对话"。在"与画对话"中，从课程目标与理念出发，结合幼儿原有经验，如幼儿的绘画表现、审美力、与艺术作品接触的经历等，分析名画中的表现手法、色彩、构图等内容，寻找与幼儿发展需求相吻合的名画资源，设计互动对话、激发审美、多维表达的媒介。

"与画对话"板块包括印象印迹、空间创玩、符号王国三部分。

"印象印迹"主要涉及印象派名画作品，其提倡走出画室，深入原野、乡村、街头写生，力求真实地刻画自然。真实的场景与幼儿的生活相贴近，能激发幼儿的探索欲望并引起共鸣。

　　"空间创玩"主要涉及蒙德里安、毕加索、草间弥生等画家名作。作品中的几何构图、空间延展冲击着幼儿的视觉，能让他们获得新的创玩体验。

　　"符号王国"主要涉及米罗的名画作品。作品中简化了的造型逐渐演化成他的图画和语言符号，与幼儿的现有绘画与前书写表征方式相契合，能助推幼儿的自我表达。

与画对话

	内容	小班	中班	大班
与画对话	印象印迹	《旋转的天空》 　　……	《向日葵》 　　《花园》 　　……	《夜间露天咖啡座》 　　《自画像》 　　……

内容		小班	中班	大班
与画对话	空间创玩	《点点点》	《梦境体验》	《百老汇的爵士乐与城市》
		《红、黄、蓝的格子世界》		《镜中的少女》
		……	……	……
	符号王国	《烈日当空》	《天空》	《小丑的狂欢》
		……	……	……

第二种媒介："与书对话"。绘本是绘画语言、文学语言丰富的学习资源，可将"与书对话"作为重要的表征媒介之一。"与书对话"包含情绪情感、艺术变奏、品格养成、自然科普四项内容。"情绪情感"，指向幼儿的情绪情感表达，包括对亲情、友情和生命的理解；"艺术变奏"，这一区块的绘本有丰富的艺术语言，指向培养孩子的审美情趣和多样的书面语言；"品格养成"，基于课程目标，善思冶性，让幼儿在一个个故事中感受勇敢自信，学习互助合作的方法；"自然科普"，包含富有中国特色的绘

本，囊括幼儿对自然、四季和节气的认知与感受，让绘本这一媒介更趋于带给幼儿多元体验。

与书对话

	类别	内容			
与书对话	情绪情感	亲情 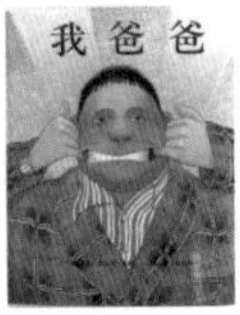我爸爸	友情 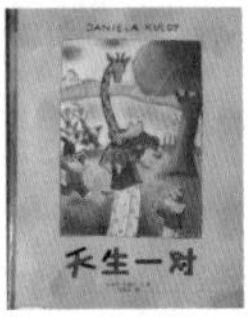天生一对	生命 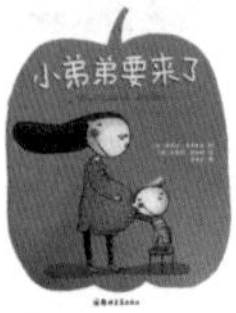小弟弟要来了	管理 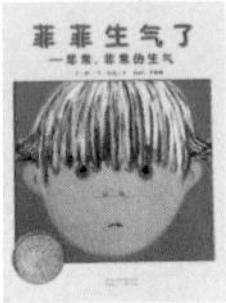菲菲生气了
		……			
	艺术变奏	歌舞 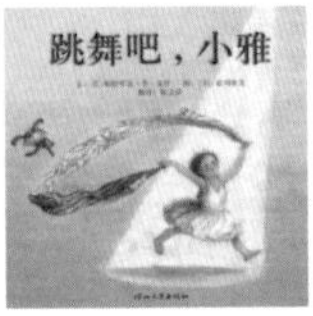跳舞吧，小雅	色彩 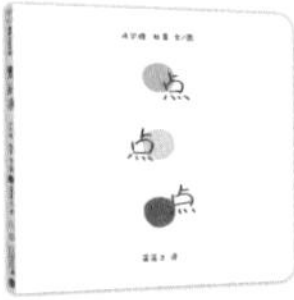点 点 点	游戏 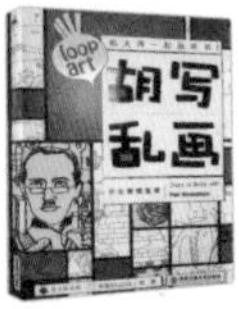loop art 胡写乱画	想象 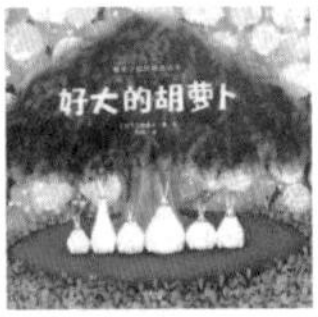好大的胡萝卜
		……			
	品格养成	换位思考 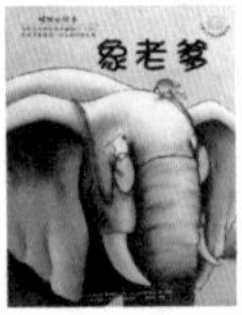象老爹	互助合作 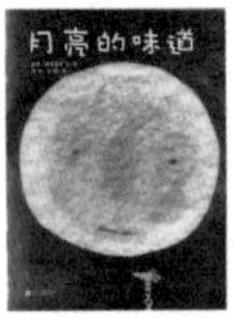月亮的味道	勇敢自信 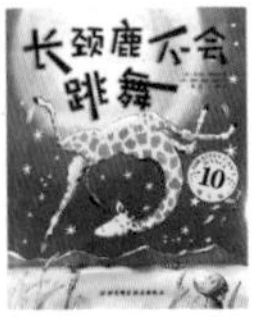长颈鹿不会跳舞	乐观感恩 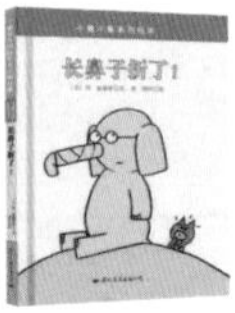长鼻子断了！
		……			
	自然科普	中国文化 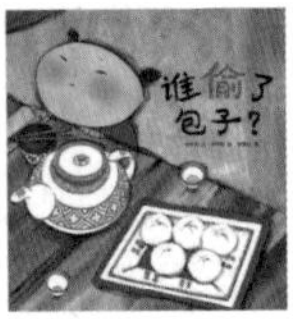谁偷了包子？	四季如歌 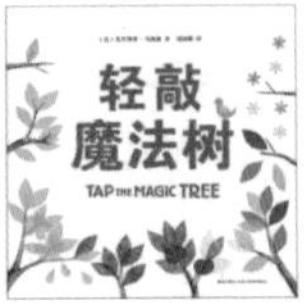轻敲魔法树 TAP THE MAGIC TREE	自我认知 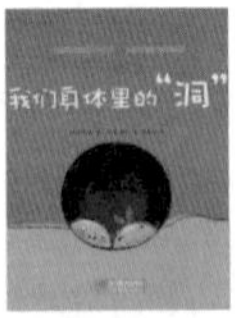我们身体里的"洞"	保护自己 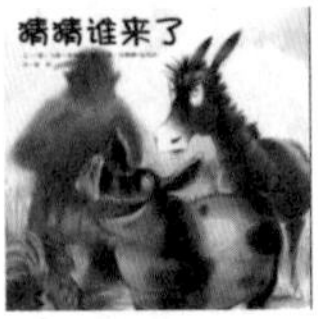猜猜谁来了
		……			

第三种媒介:"与乐对话"。它是语画课程的全新内容板块。基于幼儿的多元表征,音乐是幼儿最喜爱的百种语言之一。在"与乐对话"板块设计中,从幼儿对音乐的情感需求和情绪特点出发,分为进行如虹、狂欢盛会、轻松欢愉、妈妈味道四项内容。"进行如虹"以进行曲为主,鲜明的节奏感能带给幼儿强烈的音乐冲击;"狂欢盛会"饱含丰富的器乐体验和热情变化的风格曲性,能带给幼儿快乐的情绪;"轻松欢愉"板块的各类舞曲,就像一个个跳跃的符号,能激发幼儿愉悦的体验,带给幼儿温暖;"妈妈味道"板块,在一场场摇篮曲风中,让幼儿感受被音乐抚慰的美妙。

与乐对话

	内容	小班	中班	大班
与乐对话	进行如虹	《玩具兵进行曲》 《惊愕交响曲》 ……	《狮王进行曲》 《土耳其进行曲》 ……	《玩偶进行曲》 《巡逻兵进行曲》 ……
	狂欢盛会	《动物狂欢节》 《顽皮的小老鼠》 《蝴蝶幻想曲》	《水族馆》 《野蜂飞舞》 《金蛇狂舞》	《西班牙斗牛曲》 《喜洋洋》 《快乐的舞会》 ……
	轻松欢愉	《云妖之舞》 《小鲤鱼旅行记》 ……	《加速度圆舞曲》 《糖果仙子舞曲》 《单簧管波尔卡》 ……	《口哨与小狗》 《挪威舞曲》 《军刀舞曲》 《打字机》 ……
	妈妈味道	《摇篮曲》	《月光奏鸣曲》	《布拉姆斯摇篮曲》

二、对话、多元、过程——提升课程实施效果的评价理念

我们的评价理念包含对话、多元、过程三个关键词。

一是对话。对话是平等的，是双向互动的。管理者、教师、幼儿、家长在互动交流中生成和构建评价标准，也在不断的沟通中改进评价指标，完善课程实施效果，让课程中的每类成员都具有话语权。

二是多元。评价主体多元，管理者、一线教师、幼儿、家长都参与到评价中来。评价方式多元，既有关注幼儿活动过程的学习故事，也有关注教师活动过程的主题审议、课程日记等。评价内容多元，既关注幼儿发展过程，也关注幼儿多元表征，还关注教师的专业发展，注重课程实施对教师、幼儿、家长的影响。

三是过程。我们使用学习故事、幼儿成长手册、教师发展手册等载体，关注课程发展过程，在持续跟进、追踪的过程中，不断引领幼儿、教师走向更深度的学习。同时，鼓励幼儿参与评价过程。在一日生活的研究中，幼儿自我评价是主要形式，包括对自己阅读习惯、表达习惯、进步幅度等进行自我感受和表达。这一评价过程成为研究本身的重要组成部分，为幼儿提升多元表达提供新途径。

基于对话、多元、过程的评价理念，我们在效果评价中，既关注幼儿的发展，也重视教师的发展，同时包含对课程满意度的评价举措。除了常态的幼儿成长记录、教师发展记录、随机访谈、问卷调查方式外，基于幼儿的多元表征也有一些新的举措和实践。

三、三项举措——让幼儿的学习与发展看得见

因为看重过程性评价在改进语画课程实施效能、促进教师和幼儿发

展方面的重要价值，我们注重幼儿的多元表征，基于幼儿视角，通过教师的观察记录、各级研讨、自我反思、各类访谈记录、各种调查问卷，获得教师、家长、幼儿的想法、观点和发展轨迹，以此作为优化和提高课程实施效果的依据。

实践中，我们主要采取三项评价举措——学习故事、"儿童研究书"（幼儿在主题活动中的研究所学和所得）、主题计划日志，帮助教师基于儿童视角与幼儿对话。

以主题计划日志为例。我们的课程是以主题的形式推进的，审议是评价课程实施效能的一种方式。其中，主题计划日志是伴随主题审议开展的教师自我评价和反思工具，通过三阶段的导图梳理、自我考问、思考跟进等板块，帮助教师不断推敲、回顾主题活动中的问题。

第一阶段：开始主题。它包括以下过程：导图梳理主题来源，确定活动主题的自我考问；预设主题计划网络延展内容，探寻主题行进的可能与机会；建立共同的背景经验，向幼儿、家长介绍主题。其中，建立共同的背景经验，主要是让幼儿对所要进行的主题有足够的知识，发展其所要探索的问题，从而确定幼儿知道什么、想知道什么。

第二阶段：发展主题。重新检查主题计划网络图，并与可能增长的经验相联结，通过关键表征内容"选择题"，呈现幼儿所学知识。也就是说，通过做选择题的方式，帮助教师捕捉和了解幼儿的学习痕迹与轨迹。

第三阶段：结束主题。幼儿完成工作并概要叙述已学到的知识。幼儿能够说明他们已经学到的知识是很重要的，这样知识就得到了强化，且对个人更具意义及价值。教师可以和幼儿交流探讨，明确分享的主题和方式（和他人分享自己学到了什么），也可采取自我考问的方式进行主题评估，思考如何将它做得更好。

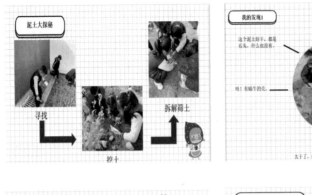

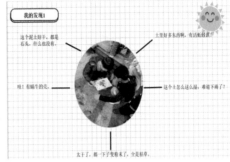

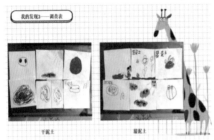

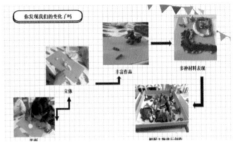

主题计划日志

语画课程不断小步递进，我们的评价也日益丰盈。在这个过程中，我们享受与幼儿的种种对话，因为一种记忆，一种惊叹都来自幼儿的七彩心田；一百种色彩，一百种语言，都来自幼儿的多元表达。

（金文　浙江省杭州市申花实验幼儿园）

知识链接　**评价中的反馈**

如果我们没有意识到许多教育工作者并不理解什么是反馈，那就不能深入地进行评价改革。如果我一定要概括出过去十年在所有不同学校的所见所闻，那么，我不得不说，许多教育工作者似乎认为，反馈就是多表扬、再来一点批评和建议。在教室里，我听到最普遍的反馈是"做得好"或者类似的表达方式。

当然，表扬学生很重要，因为表扬经常让学生觉得很满足，也会鼓励他们，但它却不能帮助学生改进他们的表现。反馈告诉你做了什么，或者没做什么，可以让你自我调整。确实，反馈的东西越是不证自明，表现者的自主性就越强，反之亦然。

反馈是关于此人做过什么的信息，是根据此人的行动——意图与结果，对现实表现与理想表现进行比较得出的。借用系统论中更正式的话语，反馈是证实行动是否正确的证据，是反馈给表现者有关自身表现的事实，而且这些事实没有掺杂成人对表现所做的任何价值评估。

最好的反馈是能根据目标和标准非常具体地、直接地揭示或细微地描述对表现者来说是清晰的、可利用的实际结果。

反馈不是指导。有一种普遍的误解，以为反馈就意味着表扬或批评，甚至还有一种更为普遍的误解，即把反馈等同于指导。实际上，反馈与指导存在很大的区别；它们是同一个自我更正体系中的互补部分。反馈告诉你的行动有一个什么结果；而指导告诉你怎样改进这个结果。当我们教学和对某种表现做出评论时，我们倾向于做出很多的指导，而给的反馈却远远不够。事实上，我们有时会跳过反馈，直接给出建议——可是指导应看作对反馈做出的合乎逻辑的反应，否则指导是没有什么意义的。

——《教育性评价》

【美】Grant Wiggins　著
国家基础教育课程改革"促进教师发展与学生成长的评价研究"

项目组　译

成长档案：为幼儿发展评价留痕

　　档案袋评价作为幼儿评价的一种，因其可视化、多样化的特点受到幼教工作者的广泛关注和使用，也因其具有留痕的特征受到家长的喜爱和追捧。档案袋评价集过程性评价、结果性评价、诊断性评价于一体，能够在幼儿成长的过程中助推幼儿的学习与发展。

　　然而，档案袋评价在具体实施过程中仍然存在一些问题：教师占据主体地位、评价方法略显匮乏、现象分析比较单薄、结果不能应用于实践环节等。若想为每一个幼儿刻画出属于他们独一无二的成长图像，就需要教师掌握有效的评价策略，即拓宽主体范围、选择多种方法、提前做好计划、精准分析过程、恰当运用结果。

一、主体要多元，视角才立体

　　不同的评价主体对同一客体做出不同的评价是很自然的情况，因此，评价主体多元化能够使得幼儿的信息更加全面。教师在评价过程中充当的不仅仅是评价者的角色，也要把握自己作为引导者、合作者的身份，充分调动各方力量参与到幼儿发展评价中来。

　　评价的主体可以发挥各自所长。例如，专家学者可以通过专业的测评量表定期测量幼儿某一领域的发展，通过追踪调查的方式动态监测幼儿发展态势；幼儿教师可以对幼儿在园的日常表现进行观察，形成定期的观察记录，通过长期观测，总结发掘幼儿潜能的策略，找出制约幼儿发展的症结；家长也可收集幼儿的作品，反馈幼儿在家的行为表现。通过多层次、多侧面的互证，对幼儿进行立体环绕式的评量，从而使获得的信息更具信度。

二、方法要多变，材料才丰富

幼儿发展评价是一项长期追踪式的评价，将档案袋评价应用于幼儿发展评价过程中有一定的适切性。但在很多时候，教师把档案袋评价窄化为作品分析。其实不然，幼儿的成长档案就像一个大口袋，记录的是幼儿方方面面的表现，因此，评价方法上要更加丰富。

首先，在评价方法的选择上，要基于评价目的和内容的不同决定。例如，想要考查某个孩子的认知发展水平，运用验证过的量表会更加准确；想要考查幼儿的社会性发展能力，运用事件取样观察法、逸事记录法会更加适宜；想要考查幼儿艺术领域的发展情况，收集幼儿阶段性的画作、手工作品会更加清晰。

其次，在评价方法的运用上，要更多采用纵向动态的评价方式，减少同伴间的横向比较。通过三角测量的评价方法，在不同时间、空间、层面考查幼儿的发展状况，这样才能使教师掌握更加立体和全面的信息。

三、评价有计划，应对才从容

幼儿教师的评价工作纷繁复杂，档案袋中需要采集、收纳的信息包罗万象，这就需要教师在评价工作中做到以下几个方面。

第一，心中有计划。评价工作开始之前要明晰评价目的，根据课程目标确立评价的具体向度，继而有准备、有计划地收集相关信息。

第二，内容要细化。评价内容是教师在具体评价实践过程中的基本参照，将想要评价的维度细化为具体指标，继而将指标转化为具体的、可操作的评价内容，便于教师在教育实践过程中更具效能地开展评价工作。

第三，时间要规划。评价为改善和调整活动计划进而提升教育质量服务。若想系统、有组织、有计划地收集"证据"，要求教师必须对时间有所规划。日常的评价工作不是割裂的个体，需要周期性的持续监测，教师可以结合园所活动安排，确立可实施的弹性评价时间表。

四、分析要得当，"处方"才对症

评价的目的是促进幼儿的学习与发展，因此，不论运用何种评价方法，适宜且准确地分析才能为后续的教育教学提供可操作的应对策略。只有分析恰到好处，教师才能有针对性地"开处方"。

其一，提高分析的有效性。针对幼儿在真实日常生活中的表现或者一些作品，结合幼儿身心发展特点进行分析和预判，并且通过多次、反复的确证以保证分析的有效性。

其二，强调分析的客观性。在评价中，教师要尽量摒弃对幼儿的刻板印象，如性别刻板印象等，使分析结果更加真实。

其三，加强分析的适切性。对幼儿发展评价的分析要尽可能贴近预先设定的发展目标，找出差距，发现特点，才能为后续评价奠定基础。

五、结果有应用，成效才显著

评价的目的不在于结束一段教育教学活动，而是为了后续系列活动更有计划性地开展，得到的结果必须应用于实践才具有价值。评价的结果，一方面，可用于有针对性地促进幼儿某一领域的发展，通过历时性的系统观察，为幼儿提供个别化的教育；另一方面，帮助教师有效改善教学行为，改进教育活动，调整活动方案，完善教学方法。评价结果可以为后续建立弹性的评价体系提供基本参照依据，从而保护幼儿的个体差异性，促进幼儿整体发展，进而提高教育教学质量。

正如一位教育评价专家所说：评价不是为了证明，而是为了改进。评价不是用一把尺子衡量所有幼儿，要坚信幼儿是有个体差异、发展能力、创新精神的独立个体。成长档案是一种为评价者提供信息的评价方式，为的是使教师、家长、幼教工作者可以更准确和便捷地找到幼儿的"最近发展区"，进而有目的性地鹰架幼儿的学习与发展过程。

（但菲　郝爽　沈阳师范大学学前与初等教育学院）

知识链接　作为评价证据的成长记录袋的基本含义

成长记录袋的一些基本含义：其一，主要为教学或评价服务；其二，主要看重它们在如实记录或评估中的作用；其三，它们的内容可以由学生或教师确定；其四，可以视为个人成长的履历，或是看作个人总体表现（不管是好是坏）的代表性样本，或是当成呈现学生连续变化的展品。几乎没有什么教育工作者或管理者充分思考这些目的和含义，结果，许多成长记录袋计划徒劳无功，甚至遭人讨厌，而且作为一种评价方法缺少可信度。

——《教育性评价》

【美】Grant Wiggins 著

国家基础教育课程改革"促进教师发展与学生成长的评价研究"

项目组 译

第 3 辑
推动合作评价

小主人议事厅：支持儿童参与评价

同伴评价催生隐性师幼互动

我来给你变张"大花脸"

告别教师"独角戏"式评价

用总结性评价给课程"体检"

以目标为导向的幼儿园主题课程评价

多方评价到位，主题课程生机勃勃

小主人议事厅：支持儿童参与评价

德国教育家马丁·布伯认为，世上的儿童有参与做有意义事情的原始渴望，参与是儿童内在的发展需要，是内心冲动的外在表现。让儿童参与教育评价，不仅体现了对儿童主体性和参与权的尊重，也能帮助教师在聆听儿童想法的基础上，分析、反思幼儿园教育中存在的问题，调整教育策略。以溧阳实验幼儿园实行的"小主人议事厅"为例，它不仅能引导和激发儿童对周围人、事、物的关注，培养其社会责任感，而且给儿童提供了验证和实现自己想法的机会，是鼓励并支持儿童参与教育评价的一种有益探索。

一、"小主人议事厅"是由儿童主导的评价

"小主人议事厅"最初是作为一次公开教学观摩活动被提出来的。该活动的设计灵感源于教师观察幼儿户外玩沙游戏时发现的问题。玩沙时，教师经常听到一些孩子轻声抱怨活动的种种不方便，如玩沙工具太少，玩的时间太短，沙池的活动空间太小等。

为了营造畅所欲言的参与氛围，教师将活动现场设计成"小主人议事厅"，赋予孩子们幼儿园小主人的角色，来评议玩沙游戏。整个教学活动包括"看一看，议一议，画一画"三个环节：教师播放平时拍摄的孩子们议论沙池的视频，与孩子们一起讨论："目前幼儿园的沙池存在哪些

不足？""怎样改造才能让玩沙游戏变得更有趣？"请他们以合作的方式将沙池改造的设想画出来，并在分享交流中体验解决问题后的成就感。

活动结束后，参与观摩的同行们对教学活动进行了评议。大家一致认为，"小主人议事厅"创设了一种尊重儿童的心理氛围，加上所讨论的事情又与儿童的生活密切相关，儿童参与讨论的积极性高，思维活跃，有创造性。另外，在"小主人议事厅"活动中，教师珍视来自儿童的想法，鼓励儿童参与对环境的评价和改进。这不仅体现了教师"以儿童为本"的教育理念，也体现了教育评价观的转变。

以往幼教机构为了改进服务质量，一般会收集来自专家、教师和家长口头或书面的评价信息，但这些信息往往是从成人的视角对服务质量的反馈，未必有机会聆听儿童真实的看法。即便成人能考虑到作为活动主体的儿童之需要，努力从儿童视角去评价，但由于儿童与成人思维存在差异，这种评价也只不过是"他者自我化"，误解甚至扭曲儿童的看法也在所难免。

"小主人议事厅"是一种由儿童自我主导的评价，它不仅在一定意义上对由成人主导的评价具有颠覆性，也探索出一条让成人聆听儿童对教育机构看法的途径，以及采集儿童观点的方法，使我们更好地理解儿童及其所欲求的游戏环境。此次活动后，幼儿园开始尝试通过开发"小主人"园本课程，使"小主人议事厅"这一活动常态化。

二、从"小主人议事厅"到"小主人"课程

有课程意识的教师会将"从儿童评价中发现问题，与儿童共同讨论和解决问题"的过程，转化为课程发生、发展的过程。

第一，通过观察与聆听，发现能引发儿童参与评价的事物和现象。在日常生活中，儿童经常会无意识地发出一些评价信息，这需要教师敏

感地聆听。例如，午餐后，有小朋友说："今天我们吃了香菇鸡腿、黄瓜炒蛋和番茄牛腩汤。这些菜我都喜欢吃，把它吃光了。我还看到别的小朋友也吃光了。我觉得菜谱就应该是大家都喜欢吃的菜。"虽然这只是儿童无意识的评价，但教师可将"无意识"转化为"有意识"，鼓励孩子们设计调查表调查同伴对幼儿园饭菜的喜欢程度。

当然，教师也可鼓励儿童有意识地参与评价。例如，请儿童把幼儿园中最喜欢玩或最不喜欢玩的地方拍下来，把一日生活中最有趣的事情画下来，或者请儿童以角色扮演的方式把自己在游戏中遇到的问题重现出来。应该说，教师基于对儿童日常行为观察收集的评价信息，以及由儿童主动表达收集的评价信息，共同构成儿童及其看法与经验的完整图画，成为教师了解儿童视角，就相关事务与儿童展开对话、反思和解释的文本。

第二，在理解与接纳的基础上，帮助儿童明晰问题。儿童对某些事务发表评论或评价，并不意味着他们能真正有意识地思考和解决问题。因此，教师要将所收集的儿童评价信息与更多的儿童分享，使一些本来没有被他们真正意识到或只被个别儿童关注的问题，被更多的儿童关注。例如，大（1）班的涛涛拍了一张幼儿园中最不喜欢的地方——戏水池的照片，这张照片引发幼儿对戏水池的讨论。有的幼儿说"栏杆太高了，我们不能近距离观察小鱼"，有的幼儿说"有了栏杆，我们就不能进去玩打水仗的游戏"……讨论的结果是，大家一致认为当务之急是去掉水池的栏杆。

大（2）班的轩轩提出要在操场上建一个更大的遮阳棚，因为天气渐渐炎热，参加户外活动时没有地方休息。这个想法得到其他孩子的响应。于是，教师就如何建遮阳棚组织了一次讨论。幼儿围绕遮阳棚建在哪里、怎么建、需要什么材料，展开了讨论。教师帮助幼儿在问题引导下形成搭建遮阳棚的初步方案，并推选出向园长陈述方案的适宜人选。

孩子们设计的戏水池改造图

孩子们望水池兴叹

第三，引导与促进，支持儿童将想法付诸实践。当儿童的看法被采纳后，如果没有相应的处理跟进，将会沦为虚假的聆听。这不但会使"儿童的经验想法在教育决策中发挥作用"的愿景落空，最终也会失去儿童的信任。因此，教师除了鼓励儿童"纸上谈兵"外，更应支持他们将设想付诸实践。

幼儿设计的遮阳棚

改造后的遮阳棚

　　发现班上的小伙伴有挑食现象后，"小主人议事厅"开展了"我来制定菜单"系列活动，幼儿参与了幼儿园一周菜谱的制定活动。他们首先在区域中利用各种食物图片设计菜谱，然后请保健老师专业点评菜单是否合理。另外，还根据调查结果，向厨师提出改进菜肴烹饪方式的建议。有些幼儿甚至还尝试为家庭成员设计菜单。这些经历就是一次学习，让他们逐渐建构起健康饮食的概念。根据幼儿建议改进的菜肴，让幼儿改变了挑食的行为，每天残渣桶里的剩饭剩菜变少了。

孩子们在"小主人议事厅"商量如何制定菜谱

区域活动中学着制定菜谱

同样，在水池的改造活动中，教师也充分听取幼儿的意见，给予他们实践的机会，如对水池的实地考察、测量水深、设计方案、制作申请书、参观改造现场、搜集运水工具等。幼儿参与水池改造的过程，就是师幼共同经历的学习旅程。

（叶小红　江苏省教育科学研究院）

评价具有教育性

从根本上说，评价目标是通过教育改进学生的表现，而不仅是审计学生的表现。……有人认为，抛弃传统测试就是评价改革。事情远非如此轻易和简单。在我们把评价体系改变为一个能满足我们所有需要的体系之前，我们需要某些令人向往的、更有教育性和示范性的设想——是使我们认清评价惯例种种缺陷的生动鲜明的设想，是指在追求优质教育而不仅是测量效率的设想。这种设想可以作为一个标准，我们凭此衡量和调整评价改革。这种设想当然不可能完美无缺，但就像所有的标准一样，可以促使人们明了改革的中心和方向。

尽管为此要花费巨大的精力来变革评价的内容、方法、主体、时机，教育性评价还是值得我们全力以赴的。一旦评价具有教育性，评价就不再与教学脱离，而是教学中一个不可分割的组成部分。一旦我们认识到达到卓越的学业目标不仅要依靠学生所要完成的任务的质量，而且要依靠学生得到的反馈的质量，就能按照这种思路统筹兼顾地调配我们的精力和资源。

——《教育性评价》

【美】Grant Wiggins 著

国家基础教育课程改革"促进教师发展与学生成长的评价研究"

项目组 译

同伴评价催生隐性师幼互动

人本主义心理学家罗杰斯认为，儿童学习的重点是学习过程的持续性，以儿童为中心的教学模式所蕴含的教育评价观应是多元的，随时着眼于儿童的发展情况和需要，才能尽快提高教育质量，使教育评价成为有效的手段。

过程性同伴评价，是过程性评价与同伴评价的有效融合。幼儿在主题活动开展的各个阶段，可即时性地对同伴的行为、品质及能力等方面进行评价，以便促成主题目标的达成。

有效的过程性同伴评价有以下意义：一方面，幼儿可以加强自身的认知意识，提高观察、分析、归因等能力，加深同伴间的交往，萌发客观看待事件的意识；另一方面，教师可以了解幼儿现阶段发展水平与教育需要，有效建构学习支架，确定下一步学习目标、内容与策略，在顺应幼儿自然发展的前提下，推动其进一步成长。

一、将同伴评价融入主题活动各环节

主题活动开展过程中，我们主要运用观察法和行动研究法进行过程性同伴评价的实践探索，引导幼儿即时性地将同伴评价融入活动的各个环节，让同伴评价成为主题的重要组成部分。以主题活动"幸运的我们"为例，评价设计与实施如下。

以绘本《幸运的内德》作为切入点，让幼儿通过欣赏绘本，理解故事，感知幸运与倒霉，并选择自己感兴趣的一个倒霉片段创想内德遇到此情况时可能存在的幸运。我们采用集体互评的方式，设计了活动评价下表（见表1）。评价表中第一个圈是要求幼儿贴上自选的倒霉片段，第二个圈是要求幼儿用绘画的形式表达所创想出的内德遇到此情况时可能存在的幸运，然后由幼儿向集体成员介绍评价表中记录的内容。最后，每个幼儿人手三颗五角星，分别贴给除自己以外创想很棒的三个同伴，以五角星的数量来评价幼儿创想幸运的合理性和趣味性。

主题"幸运的我们"评价表（集体互评）

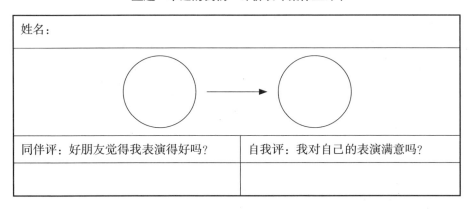

姓名：	
同伴评：好朋友觉得我表演得好吗?	自我评：我对自己的表演满意吗?

幼儿通过绘本感知幸运与倒霉后，开始尝试为自己生活中遇到过的倒霉事寻找幸运，试着将这种积极看待事件的心态与自己的实际生活相联系。我们设计了两两合作互评表（见下页表），由两个幼儿一起讨论自己生活中遇到的倒霉事，并协商解决，将倒霉变成幸运，用绘画的方式将倒霉事记录在第一个框内，幸运事记录在第二个框内，最后两个幼儿互评，在相应礼物上打"√"，用礼物数量表示合作情况。

主题"幸运的我们"评价表（两两合作互评）

姓名：	姓名：
我能与同伴顺利合作吗？	我能与同伴顺利合作吗？

　　我们发现，幼儿在转换生活中的事件时有些难度，因此，选用散文《幸运的兔子先生》，引导幼儿两两合作，根据情节图片帮助兔子先生寻找倒霉事中的幸运事，并且用关键句型"我可真倒霉……我可真幸运……"说一说，并设计了相应的评价表（见下表）。

主题"幸运的我们"评价表（两两合作互评）

姓名：			
内容	我们选的图片	内容	我们选的图片

姓名：			
内容	我们选的图片	内容	我们选的图片
说得好吗？ 			
合作得好吗？ 			

　　该评价表中，彩色图片是散文中的情节图片，两个幼儿分别在所选的情节图片后打上"√"，然后合作的幼儿相互评价，红色嘴巴图片表示用关键句表达的情况，握手图片表示合作的情况，最后用图形数量评价同伴的表现。

　　主题活动结束后，我们设计了总评价表（见下页表）。该评价表的同伴评价部分主要是合作创编过的散文《幸运的兔子先生》以及自编绘本《幸运的我们》，以礼物数量表示同伴创编、表演、合作的情况。

主题"幸运的我们"评价表（两两合作、小组合作互评）

姓名：				
合作内容	我的合作伙伴	伙伴觉得我创编得好吗?	伙伴觉得我表演得好吗?	伙伴觉得我们合作得好吗?
《幸运的兔子先生》		★ 🍬 🧸	★ 🍬 🧸	★ 🍬 🧸
《幸运的我们》		★ 🍬 🧸	★ 🍬 🧸	★ 🍬 🧸
我们合作中印象最深刻的事				

二、幼儿在评价同伴时表现各有不同

整个主题活动中，幼儿评价时的行为表现分为以下几种类型。

第一，实事求是型。主要表现为评价者能根据被评价者的实际表现进行评价，基本不受同伴关系亲疏度的影响。这类幼儿平时具有一定的自我约束能力，能较好地管理自己，同时伴随一些合理应对他人的亲社会行为，且善于表达自己对事件的独立看法。这类幼儿在班中约占30%。这比前期总结性同伴评价中的比例有了很大的提高。

例如，在主题"幸运的我们"两两合作评价时，蛋蛋（化名）和听听（化名）一起合作表演了散文《幸运的兔子先生》中兔子先生幸运地吃上青草的情节。在两两合作评价中，他们是相互评价的关系。评价时，蛋蛋说："我觉得你刚才说得很清楚，动作很漂亮。"听听说："我觉得你刚才也说得很清楚，虽然没做动作，但是你笑得很开心，因为你有胡萝卜吃了。"说完，两位小朋友分别为对方画了三个礼物。

第二，相互鼓励型。主要表现为评价者与被评价者在评价时相互欣赏对方的优点或进步并给予好评。这类幼儿平时表现为有较好的人际交往能力，个别具有领导能力。这类幼儿在班中约占10%。这与前期研究中发现的鼓励型表现有所不同。鼓励型是指幼儿单向个人鼓励意愿的表达，相互鼓励型则是幼儿双方达成一致鼓励意愿并共同执行，水平略高。

例如，主题"有趣的迷宫"两两合作评价时，晓晓（化名）和庆儿（化名）一起合作设计迷宫。一开始，两人思考了很久也没开始评价，后来聊起独自设计的迷宫，庆儿说："晓晓，这次你和我一起设计的迷宫可以走通了，上次你设计的没有走通，我觉得你的设计越来越好了，我送你三个礼物吧。"晓晓接着说："我觉得你画的迷宫很漂亮，涂的颜色也很漂亮，我也送你三个礼物吧。"说完，她俩便为对方勾选了三个礼物。

第三，实事求是与关系亲疏混合型。主要表现为评价者根据被评价者实际表现进行评价时，或多或少会结合同伴关系的亲疏程度。这类幼儿在班中约占40%。这比前期研究中发现的"同伴偏向型"水平要高一些，因为幼儿是在同伴亲疏关系中融入了依据实际水平进行评价的维度，一定情况下提高了同伴评价的客观度。

例如，主题"幸运的我们"两两合作评价中，婷婷（化名）和真真

（化名）是关系非常好的朋友。她俩在两两合作活动中总是一对，这次也不例外。评价时，真真说："婷婷，我们是好朋友，我觉得你最棒了，我送你三个礼物哦！"婷婷说："嗯，我们是好朋友，而且我觉得你表演得很棒，我也给你三个礼物。"说完，她俩毫不犹豫地为对方送上三个礼物。

第四，秘密加票型。主要表现为当被评价者对同伴评价结果不满意时，会悄悄地自己增添图形数量以增加好评度。他们通常对自己有较高要求，或是受挫能力较弱。这类幼儿在班中约占5%。当发现这类现象时，我们通常采取活动后单独交流的方式，肯定幼儿当时的情绪，但要引导幼儿用适当的行为解决问题，而不是悄悄地改变评价结果。

例如，在主题"幸运的我们"集体同伴评价时，通通（化名）得到4颗五角星，他见边上的远远（化名）有7颗五角星，脸上露出难过的神情。活动结束后，通通悄悄地走到评价表展板前，趁没人注意的时候分别从五角星数量较多的四张评价表中各撕了一颗五角星贴在自己的评价表上。第二天集体分享同伴评价结果时，通通很大声地举手说："我有8颗星呢！"

第五，相互拉票型。主要表现为被评价者请评价者把五角星贴给自己，评价者同意后，被评价者也会将五角星贴给评价者。该类幼儿在班中约占15%。这种行为表现出幼儿的社会性水平不断提高，但是我们不鼓励幼儿这样做，因为这会影响幼儿对人、事、物的客观评价。所以，教师发现幼儿这些行为时会给予适当的提醒与指导，以加深幼儿进行客观评价的意识，提高评价的客观性。

例如，在主题"有趣的迷宫"活动中，小朋友们画出自己设计的迷宫后进行集体同伴评价，评价方法是每位孩子有3颗五角星，根据自己的判断，分别将3颗五角星贴在迷宫设计比较好的三位小朋友的评价表上。评价时，远远（化名）对婷婷（化名）说："婷婷，你给我贴一颗五角星吧。"婷婷说："那我给你贴一颗五角星，你也要给我贴一颗五角星。"两人达成共识后，分别为对方贴上一颗五角星。

三、过程性同伴评价有利于互动互学

过程性同伴评价的介入，能让幼儿在评价同伴的任务驱动下学习，表现出认真、投入、关注核心内容和同伴行为表现的状态，提升了幼儿注意力的品质。同时，采取两两合作、小组合作等形式开展主题活动，也为同伴评价创设了良好条件。

实际教学中，幼儿会出现正面评价与负面评价。被评价者会做出回应，有反驳型的回应与接受型的回应。反驳型回应指的是幼儿在认知冲突中学习，被认同的接受型回应指的是幼儿直接学习同伴的优点。幼儿在过程性同伴评价中与同伴积极互动，逐渐建构起同伴间互学的思维方式。

日常教育教学中，难免会出现消极的师幼互动。比如，教师对幼儿主动引发的互动不予以回应等。过程性同伴评价则改善了这一现状，为教师提供了"隐性师幼互动"的条件，主要表现为教师可以通过观察、分析幼儿同伴评价的行为及评价结果，从而解读出每个幼儿当时的表现水平、兴趣点以及心理状态。教师解读的过程对于幼儿而言是隐性的，是在幼儿不知情的情况下进行的。最终，教师可以根据分析结果，通过各种显性或隐性的手段促进幼儿继续发展，提高回应幼儿积极性与有效性的水平。

当然，过程性同伴评价也存在局限。首先，它受限于主题本身的特点，主题的侧重点和开展方式不同，评价的时机与方式也会受到影响。其次，过程性同伴评价与教师的评价水平、幼儿的评价经验和能力息息相关，有效的评价需要教师掌握一定的评价方法和技能。

（许倩　浙江师范大学杭州幼儿师范学院　朱瑶　浙江师范大学幼教集团）

幼儿评价中的尊重性

尊重性的方式	非尊重性的方式
学习者——儿童是学习过程的重要参与者	忽视学习者——儿童是知识的被动接受者
建立在已有学习的基础上	忽视或不注重儿童的已有学习
基于学习者的发展进程	基于事先设计好的教学目标
适应学习者的需要和兴趣	无法适应学习者的需要和兴趣
了解儿童的发展需要	了解课程目标、关键阶段或是年龄阶段
基于儿童确定的需要设计课程	基于外部界定的需要设计课程
体现儿童的权利	忽视或不重视儿童的权利
向学习者做清晰说明	不向学习者做清晰说明
进行真实性的评价以支持教学	进行人为设计的评价，以追踪群体的发展进程
富有挑战性的	不具挑战性的
可以延伸和继续多样化	很难或不能延伸和多样化
整体性的	分割式的
吸收家长参与	将家长排除在外
可评价的	无法评价的
根据经验进行修正	无限制地实施
善于发现儿童取得的各种成绩	只注重在事先确定的目标方面所取得的成绩
有目的的	无目的的
知识渊博的实践工作者	知识贫乏的实践工作者

尊重性的方式	非尊重性的方式
高质量的专业发展	缺乏专业发展的机会或发展机会有限
有合格资质的早期教育工作者	不合格的、未经良好训练的或缺乏资质的早期教育工作者
每一个学习者都是独一无二的	群体、小组或大多数人是主要的关注点
所有儿童都是平等的	所有儿童都一样
全纳式的教育	割裂式的或排他性的教育
有充足的、适宜的设备和资源	设备、资源不充分
有充足的、适宜的空间，有各种机会接触各个学习领域或习得各种学习经验	没有充足的、适宜的空间，接触各个学习领域或习得各种学习经验的机会是有限的
有主要的工作者	没有主要的工作者

——《读懂幼儿的思维：幼儿的学习及幼儿教育的作用》

【英】Cathy Nutbrown 著

刘焱 刘丽湘 译

我来给你变张"大花脸"

进行大班主题活动"我的××是大花脸"的过程中，为了提高主题活动整体效能，我们嵌套进与主题相匹配的评价，将评价贯穿主题活动始终。借助"发现—欣赏—创作—理解"一体化的主题活动评价，让教、学、评有机整合，更好地促进幼儿在主题活动中的学习与发展。

一、在评价中发现

京剧是中国的国粹，京剧脸谱体现着传统京剧文化和人物的性格特征。大班主题活动"我的××是大花脸"以美术为线索，鼓励幼儿利用脸谱中的美术元素表现周围熟悉人物的特点。活动初期，幼儿对京剧脸谱的兴趣很高，他们将收集来的京剧脸谱带到幼儿园，互相欣赏、互相比较。

为了进一步了解幼儿对大花脸的已有经验，我们设计了一份以幼儿自评为主的"我最喜欢的脸谱"，让幼儿通过勾选自己喜欢的脸谱颜色、眉形眼眶图、鼻窝嘴胡图，发现他们对脸谱元素的已有认识；通过开放性问题，发现幼儿对脸谱的兴趣点。通过幼儿自评，我们发现大部分幼儿对京剧脸谱中的"额头图"很感兴趣。额头上的标志是每个脸谱的核心价值所在，体现了这个脸谱人物的精髓。不同的额头图案代表不同的意义，如脸谱人物爱好、性格特征、从事的工作、来历等。这为主题活动的拓展提供了方向。

班级 大一	我最喜欢的脸谱	学号 16

自评		自我评价
我最喜欢的脸谱色彩是		红脸（　）　蓝脸（ ✓ ）　绿脸（　） 黄脸（　）　白脸（　）　黑脸（　）
	为什么	因为他代表帮助需要帮助的人
我最喜欢的眉眼型图眶		（　）　（　）　（　） （　）　（ ✓ ）　（　）
	为什么	因为代表很开心，笑咪咪的
我最喜欢的鼻嘴窝型图		（　）　（　）　（　） （ ✓ ）　（　）　（　）
	为什么	因为表示很温柔
你认为京剧脸谱最有意思的地方是哪里		额头上的图案 每个京剧脸谱额头上的图案都是不一样的.
为什么		因为脸谱额头上的图案很好看，有的是宝剑，有的是月亮，有的是孔雀羽毛，有的是闪电.

我最喜欢的脸谱

二、在欣赏中评价

　　绘制脱离幼儿生活经验的京剧脸谱有一定的难度。但是，在了解脸谱文化内涵、熟悉脸谱基本要素之后，为同伴"变脸"，能有效链接幼儿的经验与情感体验，激发创作的愿望。我们提供了各种美术载体、美术形式、大量素材，比如，通过呈现典型的京剧脸谱、与脸谱相关的文学故事、音乐作品《说唱脸谱》等导入情境，在看、听、说的过程中丰富幼儿的感知和体验，了解有关京剧脸谱传统文化内涵，帮助幼儿概括梳理出脸谱的基本要素，让幼儿充分感知脸谱要素与人物个性的关系。

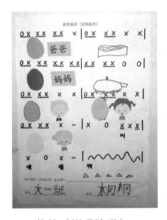

仿编《说唱脸谱》

好朋友的大花脸三维图

　　我们设计了"好朋友的大花脸三维图"，帮助幼儿梳理经验：第一个空格记录你的好朋友是谁，第二个空格记录你给他画什么颜色的脸，第三个空格记录你为什么选择画这个颜色的脸。教师引导幼儿依托三维图连贯表达颜色与人物特点的关系。如朗朗一边画三维图，一边说："我的好朋友是当当，我给他画红脸，因为他跳绳很厉害，能连着跳 100 多个!"幼儿一边欣赏着脸谱，一边通过评价把创作大花脸所需的元素和同伴特点有效链接。

三、在创作中评价

明确脸谱的绘画步骤以后，幼儿两两结对，互相画好朋友的大花脸，融入自己的情感进行创作。我们运用同伴互评的形式，对幼儿大花脸作品展开评价：将幼儿作品放在教室里展示，每个幼儿领取 3 颗五角星，贴在好朋友创作的作品上，3 颗表示很满意，2 颗表示满意，1 颗表示一般。幼儿要学习克服同伴关系亲疏的干扰，根据大花脸的美术表现力开展评价，如观察脸谱的颜色，看看额头的图案是否表现自己的爱好特征等。同伴间两两互画、互评的活动，增进了同伴间的相互了解，又体验到表现好朋友大花脸的乐趣。

幼儿两两结对，互相画好朋友的大花脸

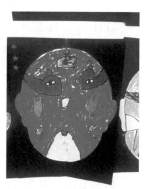

孩子们的作品

评价过程中，我们从美学和学习品质两个角度引导幼儿开展作品评价，如"色彩搭配很好""画面很有设计感""能表现好朋友的特点""画的时候很认真"等。通过分析发现，这两个角度可以有效提高幼儿美术活动中的积极性和表现力。

四、在评价中理解

美术创作是幼儿表达自己认识和情感的重要方式。经过同伴间的互画互评活动，幼儿已经理解了大花脸的基本要素，但美术表现力还需要进一步提高，如幼儿作品普遍没有京剧的味道，脸谱画得不够夸张。因此，我们借助绘本《我爸爸》鼓励幼儿给自己的爸爸变一张大花脸。首先，开展"采访爸爸"活动，让幼儿了解爸爸的职业是什么，喜欢干什么，最大的特点是什么。然后，引导幼儿创作"大花脸爸爸"，进一

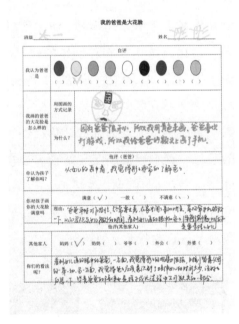

给爸爸画大花脸

步感知脸谱夸张的特点，让幼儿借助京剧脸谱的元素，依托美术的知识和技能大胆地表现"大花脸爸爸"，在表达、表现的过程中体验和爸爸之间的美好情感。最后，幼儿将"大花脸爸爸"作品带回家，讲给爸爸听，表演给爸爸看。爸爸记录下对幼儿作品的评价，这样就把家长邀请进来，参与到主题活动评价中了。

通过评价，平时工作忙碌的爸爸们也能参与到主题活动中，关注幼儿在园的活动，发现幼儿借助脸谱元素的童真表达，了解幼儿对自己的认识等。这不仅能够丰富主题资源，拓展主题思路，还能够引起爸爸的反思，理解亲子关系的重要性。爸爸们纷纷表示，以后要多花些时间陪陪孩子，关注孩子成长过程中的点滴。

"大花脸爸爸"作品

"我的××是大花脸"主题活动中，评价紧紧围绕主题活动线索而展开，通过对能反映幼儿学习与发展的作品、对话、师幼互动等的评价，协助教师确定下一步的活动和评价内容。同时，选用幼儿自评、同伴互评、家长评价等形式，不仅能让幼儿在评价中体验到成长的快乐，让教师、家长发现幼儿现阶段的学习兴趣与发展水平，及时调整计划，还使家长和幼儿一起融入主题活动，了解幼儿在园的学习生活并给予支持和配合，使家长真正成为幼儿园的合作伙伴，共同促进幼儿发展。

（陈慧虹　浙师大杭州幼儿师范学院附属幼儿园）

幼儿评价要素

评价目的的明确性：为什么要评价幼儿？

适用性：评价工具或评价过程是否适用于评价目的？

权威性：评价任务能否反映幼儿的学习过程和兴趣？

知识丰富的教育者：教育者是否经过适当的培训，得到了一定的支持？

幼儿的参与：幼儿是否适当地参与对他们自己学习的评价过程？

尊重：评价是否公正、可靠，关注幼儿的健康幸福和积极参与？

家长参与：家长是否参与对幼儿的评价？

——《读懂幼儿的思维：幼儿的学习及幼儿教育的作用》

【英】Cathy Nutbrown　著

刘焱　刘丽湘　译

告别教师"独角戏"式评价

《幼儿园教育指导纲要（试行）》指出：管理人员、教师、幼儿及其家长均是幼儿园教育评价工作的参与者。评价过程是各方共同参与、相互支持与合作的过程。然而，在幼儿园的教育评价工作中，幼儿评价往往只是教师一个人的独白。

一、教师独白表现为主动和被动

教师独白分为主动独白和被动独白两类：主动独白是指教师不欢迎其他主体参与评价；被动独白则是其他主体主动选择不参与评价。这两种类型的独白在幼儿园均存在。

主动独白的表现是，教师未给予幼儿参与评价的机会。一方面，幼儿作为评价主体的地位未受到重视。《儿童权利公约》提出，儿童有生存权、发展权、受保护权和参与权四种基本权利。幼儿参与评价正是其行使参与权的重要体现，教师"应确保能够形成自己看法的儿童有权对影响儿童的一切事项自由发表自己的意见，对儿童的意见应按照其年龄和成熟程度给予适当的重视"。然而，现实情境中，幼儿常常因年龄小、认知水平低等，而被认定为没有能力参与评价，难以在与其相关的事务中发表意见和建议。例如，班级区域的设置与调整、主题活动的内容与走向等，在许多幼儿园，均很少征求幼儿的意见。

另一方面，评价中，幼儿时常被视作客体，很少有机会表达行为背后的经验、兴趣、需要以及发展的困境和机会。例如，一些教师常常从单一的成人视角解读幼儿的行为，很少深入了解幼儿"为什么将苹果画成黑色的""为什么画的蜗牛没有头"等。幼儿在评价过程中诸如此类的话语被剥夺，实际上使得教育过程成为教师导演下的幼儿表演，幼儿很难有机会通过教育发现和发展自己。

被动独白的表现是，在幼儿评价中，管理人员通常扮演旁观者而非参与者的角色，仅仅起着监督而非领导的作用，幼儿评价成为教师需要独立承担的工作任务。一些管理人员规定，教师每周要完成几篇观察记录或学习故事，每学期要为每名幼儿制作成长记录册，以此作为评定教师工作的要求之一。除此之外，他们很少作为评价主体真正参与到幼儿园课程实施效果的评价中，也很少会为教师的评价工作提供支持与反馈。

然而，如何协调教师用于观察评价和其他教育活动的时间？如何有效制订系统、科学的评价计划？如何将评价结果用于调整和优化幼儿园整体课程方案，有效促进每一个幼儿的学习与发展？这一系列问题的解决，都无法仅依靠教师的力量去实现，必须有管理人员的领导和统筹规划。

二、独白式评价与外部管理和自身素养相关

幼儿评价中产生教师独白的现象，既有外部原因，也有内部原因。

外部原因主要体现在幼儿园整体评价制度和理念建设不到位。一方面，虽然很多幼儿园强调评价工作，但多数幼儿园并未真正重视。例如，幼儿园未留给教师专门的观察家长时间，而是要求教师在组织活动的同时完成对幼儿的观察评价。幼儿园在日常管理中，都安排了专门的课程计划时间和教研时间，却很少安排专门的幼儿观察评价研讨时间。另一

方面，一些管理人员和教师仅将观察评价幼儿作为教育的终点，而非起点。一些幼儿园仍将学期末抽查班级幼儿唱歌、讲故事、做算术等作为重要的评价，将期末制作模式化的成长档案袋作为观察评价幼儿的重要形式。

内部原因则主要表现为教师的评价素养有待提高。评价素养是教师专业能力中不可或缺的一部分，它要求教师拥有关于评价领域的理念、知识和技能。也就是说，教师应该能做到：理解评价，明确成就期望，运用适当的评价方式，恰当地解释、运用评价结果。然而，当前研究表明，我国幼儿教师整体评价素养不高，其中评价态度最好，评价技能次之，评价知识得分最低。因此，幼儿教师的评价知识和技能都亟待充实与提高。

三、为教师走出独白式评价提供多种支持

首先，幼儿园管理制度上，应安排专门的观察评价时间和研讨时间。建议有条件的幼儿园每周至少为教师安排半天，或每天为教师安排一小时的专门观察时间；每周或每两周安排一次专门的评价研讨时间，全园群策群力研讨幼儿学习与发展的水平，研究幼儿的生活和心理世界。园长角色也从监督评价转变为领导评价。

其次，在幼儿园教师资格证考试和各地新教师招聘考试中，应增加幼儿观察评价能力的内容，倒逼师资培养单位切实重视加强培养教师观察评价幼儿的能力。虽然《幼儿园教师专业标准（试行）》中已明确，观察评价幼儿的能力是幼儿教师的专业能力，但在很多幼儿教师师资培养单位的课程体系中，仍然缺少有关课程，或课程教学质量不高。如果未来在各种考试中增加有关幼儿观察评价能力的内容，师资培养单位势必重视相关课程，为学生提供系统的知识学习和能力训练。

再次，期待幼儿教育研究人员能够研发出符合我国国情、与《3—6岁儿童学习与发展指南》相对接的幼儿学习与发展评价的电脑软件或手机App，支持教师有理有据地进行高效评价。借助幼儿观察评价软件系统，可以帮助教师管理观察评价数据，了解已评价和未评价的项目，自动绘制出个体幼儿、全班幼儿的发展状况，为教师了解个体幼儿和全班幼儿提供便捷的支持，也为教师设计适宜的课程提供可能。

最后，教师应构建平等的新型师幼关系，尊重和重视幼儿的评价权。在新的时代，随着信息获取的渠道增多，幼儿在某些时候、某些方面所知道的知识比教师还多，教师已无法固守作为知识传授者的权威地位，也不能轻视幼儿的能力。事实表明，幼儿完全有能力参与到与其相关事务的决策中来。例如，有些幼儿希望幼儿园设有儿童停车场，于是他们设计了停车场方案，呈递给园长，并获得园长准许，如愿在幼儿园开辟了儿童停车场。

由此可见，教师应转变观念，尊重幼儿的参与权和评价权，相信幼儿有能力做出评价，并支持幼儿不断提升评价能力。

（曾晓滢　原晋霞　南京师范大学教育科学学院）

知识链接　为什么要开展评价

评价的目的归纳为以下几点。

第一，把握每一名幼儿的发展状况。看看幼儿的个性是否得到了伸展，能力是否得到了提高。

第二，检查教师的教学过程与教学效果。看看教师是否根据每名幼儿的实际情况给予合适的指导。

第三，促进教师与幼儿更好地认识自己与他人。了解自己与他人的长处，了解自己与他人的想法和做法。

第四，提高教师与幼儿的自我评价能力。特别是教师要反思自己的世界观、教育观、儿童观、发展观等，不断地自我完善。

　　教师需要反思自己是如何开展每一天的保育活动的，如是否用僵化静止的眼光看待幼儿，是否只关注幼儿外在的言行而忽略了幼儿内心的世界，是否在相同的场景套用相同的做法，是否根据个人的喜好偏向于个别的幼儿，是否把自己的想法、意愿强加给幼儿，是否尊重幼儿奇特的构想与不同的见解等。

——《幼儿教育的原点》

【日】高杉自子　著

王小英　译

用总结性评价给课程"体检"

    总结性评价是某项教育计划或方案结束后对其最终结果进行的评价，是幼儿园评价幼儿学习与发展，进而改进教学、推进课程建设的一种必要手段。我园的总结性评价一般是在一个学期结束时进行。由于课程目标涵盖的面广、内容多，我们采取轮换选择部分内容评价的方式，三年一轮完成所有目标的测评。

    总结性评价实施前，通常由管理者，也就是园长或业务副园长协同课程指导小组成员，根据目标制定具体的评价内容。评价内容基本上是从园本课程预设的主题中提炼出来的，是日常教育中需要达成的教育目标。在具体实施过程中，要注意在以下三个方面着力。

一、管理者和教师共同参与总结性评价

    总结性评价实施过程中，管理者和教师共同参与评价，将评价的过程透明化、可视化。每个班的教师在参与评价的过程中，既能看到自己班幼儿的发展情况，又能了解其他班的情况，这在很大程度上帮助教师建立正确的评价观念，全面客观地做出评价，并排除评价带来的一些负面抵触情绪。在共同参与评价中，有以教师为主体和以管理者为主体两种评价方式。

    拿生活态度和生活习惯的评价来说，这种类型的评价是在幼儿的日

常生活中进行的，以教师为主要评价人，根据预先制定的评价指标，对全班幼儿的态度、习惯进行记录与分析。

例如，幼儿园会制作一张"进餐记录汇总表"，评价指标按大、中、小班幼儿发展不同程度划分。大班——有饭前便后、手脏时洗手的习惯，会卷袖口，会正确使用肥皂，有及时关水龙头的习惯，同伴间不推挤；中班——有饭前便后、手脏时洗手的习惯，会正确使用肥皂；小班——做到饭前便后、手脏时洗手，在老师的提醒下不玩水。

这种以全班幼儿为对象的评价，还包括盥洗、自理能力等，通过由各班教师组成的评价小组在日常自然状态下的观察，结合评价指标分析后，在表格内填上幼儿的姓名，在相应指标下打"√"，然后再统计和分析评价本班幼儿在某个方面的发展情况。管理者则将各班的评价情况汇总，分析全园幼儿的发展情况。

在共同参与评价中，另一种方式是教师作为旁听者参与以管理者为主体的评价工作，这可以使教师了解管理者对幼儿发展评价的客观性与公正性，可看到其他班幼儿的发展情况。

例如，"大班幼儿合作能力"的评价，包括以下内容。

场景设置：每个班级随机挑选 5 名幼儿，准备一大筐积木。

指导语：给每个班的小朋友一大筐积木，大家一起搭建一个公园。

观察内容：1. 能主动与同伴协商、设计、分工，搭建时能处理好同伴的矛盾，主导实体的搭建。2. 商量时能听从同伴的领导；搭建时能协助同伴一起搭建实体。3. 不愿意听从同伴的建议或独自一人玩；在搭建时独自一人玩或捣乱，干扰别人。

观察评价情况：在幼儿园的多功能厅内划分好 6 块场地，每个班级按学号挑选 5 名幼儿参加。各班教师都在一旁观看。测评者向幼儿讲清楚要求后，幼儿 5 人一组开始建造公园。6 组幼儿的反应各不相同。

分组建造公园

孩子们建造的公园

孩子在活动过程中，一旁观看的教师一度忍不住要去指导。教师通过参与评价，不仅了解了自己班孩子的合作能力，还了解了各班存在的明显对比。这促使教师反思自己在班级工作中的一些问题，以便改进教育策略。

这种类型的评价还会涉及一些领域，如音乐方面的演唱歌曲、打击乐器、律动舞蹈等。这时，评价方式更多地注重幼儿在艺术活动中的表现表达、感受创造。例如，进入某一班级集中测评时，管理者（测评人）

会向幼儿了解喜欢唱什么歌，全班幼儿一起商量唱一两首喜欢的歌；播放一段音乐，让幼儿听着音乐跳一段自编的舞蹈等；观察幼儿在艺术活动中的感受力、表现力、创造力。

孩子听音乐自编舞蹈

每个班的测评，平行班教师都要旁听。通过互相观摩、旁听，教师了解自己班幼儿的发展，还可以和平行班进行客观对比。相同的内容，相同的评价方式，班级之间具有差异性，可以促使教师反思自己的教育行为。

二、多元评价方法使总结性评价真实、有效

进行总结性评价时，用多种方式获取幼儿的发展信息，能使评价更具真实性和有效性。因此，我们除了用相对集中的测评外，还运用自然观察、情境观察、个别谈话等方法，获取真实、有效的幼儿发展信息来评价。

前面案例中提到的关于"大班幼儿合作能力"的评价，就是有设计的观察——情境观察。管理者对观察的情境、时间、过程、对象、工具、

记录方式预先做好充分的准备，进行观察。在评价中，管理者有时也可以参与者的身份和幼儿共同活动，观察、评价幼儿。例如，在中班评价活动"游戏图书馆"中，管理者担任图书管理员的角色，从有序地拿放图书、轮流等待、不争抢、使用礼貌语等方面，评价幼儿的社会性发展水平。

图书管理员

和幼儿面对面地谈话

谈话法是一种使用较多的评价方法。管理者和幼儿面对面地交谈，从对方的语言反应中获取该幼儿发展的信息，然后根据幼儿的回答情况记录、分析、评价。我们还将谈话法运用在评价幼儿的想象（请幼儿观察抽象画，然后说说看到了什么）、解决问题的能力等方面。

三、通过总结性评价改善教学，推进课程建设

无论是园长还是教师，都应将评价作为促进幼儿发展、验证园本课程实施的重要依据。通过形成性评价和总结性评价，为幼儿制定有效的发展策略，是幼儿发展评价的最终目的。

正因为这样，总结性评价并不是单纯意义上的考核，而是需要通过评价了解幼儿是否在课程的实施中有所获得、有所发展。同时，也是教师审视教育行为、管理者思考课程建构现实意义的重要参考依据。

进行总结性评价之后，管理者要合理分析评价的结果，有的是数据性量化的结果，有的则是描述性提纲式的结果。管理者要有效利用评价的结果，使之成为教师改善教学、推动课程建设的有效载体。我们的做法是，每个学年的总结性评价结束后，召开课程质量分析会议。在会议上，可以先请教师分享自己的教育方法和心得，然后，管理者结合总结性评价的相关数据，提出教学改进建议。

值得注意的是，在对幼儿发展进行评价的过程中，不宜过于严肃，活动设计要体现游戏性和娱乐性。评价者要为幼儿创设宽松、愉悦的心理氛围。尤其是班内教师，切不可因为园长要来评价，就对幼儿定规矩，或给幼儿造成一定的心理压力，使评价给幼儿带来负面、紧张的情绪。

（冯伟群　杭州市人民政府机关幼儿园）

1. 开发、选择并运用正式和非正式，诊断性、形成性和总结性的方法来评价学生的学习。

2. 向学生提供与他们的学习目标相关的学业成就的反馈信息，且做到及时、有效、适切。

3. 理解并参与评价调适工作来支持有关学生学习的一致性和可比较的判定。

4. 运用学生评价数据来分析、评估学生对学科/内容的理解程度，确定干预事件，并调整教学实践。

5. 使用准确、可靠的报告单，清晰、准确、有礼貌地向学生、家长/监护人报告有关学生学业成就的信息。

——《教育改革时代的学业测量与评价》

杨向东　黄小瑞　主编

以目标为导向的幼儿园主题课程评价

近年来，主题课程成为浙江省幼儿园课程实施的主要组织方式。前年，我们调查了 10 所幼儿园主题课程评价的困难所在，并收集分析了 20 所幼儿园主题课程审议文本，发现：45% 的教师没有主题目标；有主题目标的幼儿园中，89% 的教师对目标，形同虚设，没有层级的细分和个性化设计。之所以出现"不知所评、随意评价、评价分离"等现象，究其原因，与课程目标意识的缺失或流失有关。

我们认为：课程既要考虑幼儿已有经验、兴趣和需要以及发展水平，也要考虑政治的需要、文化的传承、社会的要求等因素。课程评价既要顺应幼儿的自然发展，又要将幼儿的发展纳入社会所需要的轨道。因此，我们提出以目标为导向的主题课程评价，希望通过评价促进主题课程的改进。

目标导向评价源自泰勒，该理念强调要严格执行以预设的目标为中心的评价流程。以目标为导向的主题课程评价，不等同于泰勒的目标导向评价模式。我们始终坚持以幼儿发展为中心的建构主义课程理念，将评价和主题课程的前、中、后审议进行联结，试图通过分析幼儿发展和主题课程目标达成状况，寻找评价与教育整合的策略，让教师在课程中"看见"幼儿的学习，在反思中提升自己的专业能力。下面以大班主题"特别的我"的评价实施来介绍我们的行动和思考。

一、评价目标的层级分解：让幼儿的学习看得见

"评什么"这个问题应该在主题课程前审议时与课程目标同步设计，努力使评价的目标和标准、课程的目标和内容、幼儿的兴趣需求和发展指引三方面呈现"你中有我，我中有你"的互通、互促的合体状态。以《3—6岁儿童学习与发展指南》为指引，研读幼儿的已有经验和兴趣，结合已有的课程资源而拟定的主题"特别的我"的课程目标是：发现自己在外形、姓名、特长和性格等方面与他人的不同，运用多种方式表达、表现自己的独特之处；以欣赏的眼光看待自己和同伴之间的差异，学会悦纳自我，尊重他人；在活动体验中逐渐形成坚持、勇敢、关爱等良好品质，努力做更好的自己，并为此感到骄傲。

主题目标即主题评价目标，要依据目标精选评价幼儿关键能力的指标和典型的作品，让教师观察有方向、评价有支点。

第一，聚焦到关键点。将主题评价目标聚焦到自我认知、自我悦纳、自我调节三个关键点上，分别对应"这就是我"（自我认知）、"我喜欢我自己"（自我悦纳）、"做更好的自己"（自我调节、自我管理）三个小主题。第二，关键点行为化。关键点的目标行为化和评价的内容对接，如"自我认知"的评价标准是"幼儿对自己外形、能力的感知与表征，和同伴对比后发现独一无二的自己"，聚焦的关键能力是对自己独特性的表达和表征能力，同步设计的评价内容为幼儿学习档案中收集的作品，如幼儿的自画像、指纹的收集和研究等表征。第三，拟定幼儿发展检核标准，供后续选择内容和修改完善评价标准使用。

目标的可操作性，使每位教师明确幼儿可以通过课程活动做什么，得到什么样的发展。所以，以目标为导向的课程评价，评的不仅仅是课程目标的达成，也是与教育互相促进的过程。

二、评价过程与主题融合：让幼儿的学习有发展

一线教师最困惑的问题是怎么评和什么时候评，因此，我们把课程评价嵌入前审议、中审议、后审议三个关键时间节点，借助幼儿成长档案，持续记录观察到的儿童表现，从而呈现幼儿的发展变化历程和课程行进路径。

第一，主题前审议阶段的准备性评价。准备性评价是在设计主题实施方案前进行的幼儿学习经验和学习能力评估，以所获资料作为设计方案的参考，也可作为活动之后效果比较的依据。这里的评价不宜用标准测验，可以通过观察幼儿在游戏、教学活动中的表现进行，也可以创设一定情境引发幼儿表现自己的认识，并请家长记录。例如，教师可以设计主题调查问卷，幼儿介绍自己名字的由来、请幼儿画自画像、说说自己有哪些独特的本领，从中了解幼儿对自己独一无二的外形和内在特征的理解。同时，分析幼儿的已有经验、主题目标，设计"主题幼儿发展评价检核表"等评价工具。

第二，主题中审议阶段的形成性评价。形成性评价与主题中期审议同步进行，主要采用表现性评价的方式。在主题目标和主题课程内容中，寻找可以佐证幼儿发展的关键能力指标和典型事件，连续观察并记录幼儿的发展。教师通过分析、展示、讨论等方式，引发幼儿对同一话题的多样化经验，记录幼儿的学习轨迹。如小主题"做更好的自己"，围绕主题目标各试点园分别评价探究。以依托"大带小"的任务情境进行评价为例，大班幼儿分别完成给新小班弟弟妹妹送礼物、带他们去户外玩、表演节目三项任务，每次任务都要经历"计划—实施—回顾"三部曲：幼儿自己制订计划，教师用照片或视频记录精彩瞬间，活动结束后，幼儿和同伴或父母分享反思。教师关注幼儿在初体验到再体验过程中自我

管理和自我调节能力的提升。

第三，主题后审议阶段的终结性评价。终结性评价与课程的后审议同步，是对主题目标达成度的总体检测。教师通过整理分析过程性的佐证资料，以打钩的方式给每名幼儿填写"主题幼儿发展评价检核表"。同时，收集家长记录的幼儿自评"最喜欢的活动"等资料，教师分析这些信息，对课程的有效性和进一步改进进行反思。

如此行进到主题结束之时，每名幼儿逐渐形成自己的小档案：第一个小主题里，幼儿从名字、外形、能力等方面梳理独特的自己；第二个小主题里，幼儿通过自评、同伴和父母的他评发现自己并不完美，学习悦纳自己、他人；第三个小主题里，则是在悦纳自我的基础上挑战自己的种种逸事。

三、评价主体间的互动对话：让幼儿的学习有助推

"谁来评"是一个有共识的问题，但真正实施起来并非易事。目前的评价活动，已经不单单是教师"一言堂"。幼儿园努力把家长、保育员等所有与幼儿有关的人都卷入课程评价，其目的是让评价更多元、结果更客观，并试图营造一个良好的教育场域，助推各评价主体与个体幼儿共同发展。

各评价主体的价值逐渐凸显。幼儿自主参与评价，把活动计划和过程中感兴趣的事件与话题都表征出来，张贴在主题信息墙上，供同伴间分享交流；教师及时捕捉评价信息，做出专业判断、跟进与支持；更有家长主动卷入课程的评价。我们还尝试变单纯的事务性家长会为主题审议家长会，变家长被动参与的调查问卷为自主选择的主题亲子任务，变随机组织的家长助教为预约共同备课后的主题嵌入。

评价者之间的对话逐渐融洽。在"特别的我"主题中，比较多地采

取以事件取样的方法展开评价。幼儿在不断的耳濡目染中，也有了评价的意识和取样的能力。如越越在"我是小当家"值周活动中送完点心后，他先把篮子扔到楼梯转弯的平台上，然后自己跑下去。一旁的思思马上说："老师，你看越越，快拍下来。"随后，教师组织幼儿做分享，大家肯定了越越的创意，也对这个创意的适宜性进行讨论。从这个例子中发现，评价者之间的对话式、情境式评价，构建了有意义的学习共同体。

评价信息的功效逐渐显现。主题进行中，教师及时对评价的信息做出价值判断，并适宜地跟进与支持。首先，筛选有意义的教育事件；其次，捕捉生成教育活动；再次，根据评价结果调整后续活动目标。

总之，以目标为导向的主题课程评价，努力帮助教师做到：心中有目标，眼里有孩子，手上有技术，在追求真实、多元、灵动的评价之路上，实现学、教、评三位一体的共同发展。

（高美娇　浙江省台州市中心幼儿园）

知识链接 **英国教师专业标准中评价领域的内容**

1. 有效地运用一系列合适的观察、评价、监控和记录策略，作为设定有挑战性的学习目标和监控学习者进步与成就水平的基础。

2. 给学习者、同事、家长和监护人提供关于学习者学业成就、进步与发展领域的及时、准确和富有建设性的反馈。

3. 支持并指导学习者反思他们的学习，确定他们已经取得的进步，设定积极的提升目标，并成为成功的独立学习者。

4. 将评价作为教学的一部分来诊断学习者的学习需求，设定实际的和有挑战性的提升目标，并计划以后的教学。

——《教育改革时代的学业测量与评价》

杨向东　黄小瑞　主编

多方评价到位，主题课程生机勃勃

 课程评价的根本目的在于保证课程开发与教学设计的合理性。美国评价理论专家泰勒认为，评估的过程，从本质上讲，就是判断课程和教学计划在多大程度上实现了教育目标。课程系统的各个组成部分都必须置于评价这个显微镜下观察，否则它就会缺乏生气。从评价中得到的反馈，可以用来使系统的各个部分恢复活力。

 我们在课程实施中十分重视评价，其目的之一就是提升主题课程的质量。主题课程质量提升的根本目的，是让幼儿过快乐而有意义的生活。

 当然，有了课程评价并不意味着主题课程质量就有所提升。对于主题课程而言，幼儿园须有一个组织或机制，多方收集评价信息，进行价值判断，然后转化成主题课程调整建议，并将建议反馈给每一位主题课程践行者。之后，课程再实践、再评价、再研讨、再反馈。如此循环往复，才可能有主题课程的不断优化，让幼儿的幸福童年有保障。

一、多方收集评价信息并分类梳理

 课程评价是以一定的方法、途径对课程计划、活动以及结果等有关问题的价值或特点做出判断的过程。我们会向幼儿、教师、家长、专家与第三方评估机构等收集评价信息。这些信息会来自幼儿的日志、教师主题开展记录表与教研现场、家长调查问卷、专家入园指导、第三方评估等。每一主题并不包含所有主体的评价，但都有来自幼儿、教师、家长的质性与量化评价。

以大班秋天主题下的"树朋友"为例。园内散步的时候，幼儿注意到各种树。教师组织幼儿开展了观察与户外写生活动，测量了树的粗细，并鼓励幼儿回家调查了解树的价值。到了冬天，幼儿一起保护树，给树穿上了冬衣。主题结束，我们获得了部分评价信息。

幼儿日志："今天，老师带我们量了树，得用软的尺子，我很开心。我们组的树很高，我太矮了，不知道它有多高。"

教师主题开展记录表：第一，仅通过一次走马观花式的观察，幼儿对树的了解停留在较浅的层次。第二，在人与树的关系上，仅仅通过幼儿回家调查是不够的，我们没有足够的时间与活动去支持孩子。

教研组研讨给出的评价：第一，这个小主题时间不足。第二，教师对幼儿园里树的名称与特性不了解，导致没办法较好地引导幼儿。幼儿园应组织教师制作树的介绍牌。

学前专家听取主题报告后的评价与建议：关于树的价值，只让幼儿调查是不够的，应充分利用周边资源，如根雕、家具厂等，开展实地参观等活动，深入了解树的价值。

二、把多方评价转化为主题优化建议

将课程评价信息转化为主题优化建议，首先要有评价的依据，我们以《3—6岁儿童学习与发展指南》、园本课程目标为主要评价标准。幼儿园课程委员会定期对评价信息开展研讨，进行价值判断，并提出主题优化建议。

对于幼儿的评价，课程委员会建议：认识树时，教师应顺着幼儿的兴趣走。了解树，除了粗细的测量，是否可以测量一下树的高度？高度怎么测，教师应问一问幼儿，和他们讨论，一起在试错中成长。

对于教师与专家的评价，课程委员会建议：主题的开展需要深度，教师应给予幼儿足够的时间与机会去观察。对于树的价值的了解，不应仅停留在调查上，应给予幼儿感官上的体验。

对于教研组建议教师丰富幼儿园里树的介绍，课程委员会建议：幼儿园应该丰富对树的介绍，但不应完全由教师去制作。幼儿需要在亲身经历中成长，而不是被告知各种知识。树的介绍任务应交给幼儿，让他们用自己喜欢和看得懂的方式记录。

基于多方评价信息，课程委员会研讨形成部分优化建议。在该主题下一次开展前，课程委员会将建议集中反馈给每一位课程实践者。

三、用优化建议来调整主题开展过程

有了优化建议，主题的开展也有了一些小改变。

首先，了解树种与价值。幼儿在调查树的同时，有的带来了不同树种的木片，有的带来了树制品，有的参观了家具加工厂等。

通过近距离观察、摸一摸闻一闻、亲身体验、实地参观，幼儿增加了对不同树种以及人与树的关系的了解。《树真好》这首散文诗，更加走进幼儿的心里。

其次，测量树高。教师顺着幼儿的兴趣讨论测量树高的方法，有的说用梯子，有的说从阳台挂绳子下来，有的说用气球把绳子放上去，有的说用小鸟、飞机、航拍仪、孔明灯……尝试之前，用小鸟、飞机的方法直接被幼儿否定了。教师和幼儿尝试了用梯子、房子、气球等方法。尝试后，幼儿发现用梯子只能量较矮的树，用房子可以量和阳台差不多高的树，用气球可以量很多树的高度。但一只气球不可以，因为还没等它飞到树顶，就已被风吹跑；可以用很多气球，然后把绳子换成轻一点儿的线。

孩子们发现一只气球会被风吹跑

用很多个气球可以量树高

　　活动中，我们从幼儿的脸上看到了探索的幸福。幼儿提出问题—讨论方案—尝试方案—方案失败—调整方案—最后大获成功，这不就是快乐而有意义的童年吗？

最后，丰富幼儿园里树的介绍。教师问幼儿：怎么才能知道树的名字和特征呢？有的幼儿说妈妈手机上有一个叫形色的 App，只要打开照一照就知道树的所有信息。于是，孩子们带上了家里的旧手机，认真地认识幼儿园里的树，并给树做了名片。名片很特别，名字是幼儿画出来的；还有他们测量的树的高度与粗细，多年之后可再量一量看看树有没有变高变粗；也有一个二维码，扫一扫可以听到幼儿对树的介绍的音频。

金丝桃树的名片

名片上有关于树的丰富内容

让幼儿丰富幼儿园里树种的介绍，这看似是一个不可能完成的任务，但幼儿有自己的方法，而且能让别的幼儿看得懂。通过这样的体验获得的成长，远胜于教师的知识灌输。在这个过程中，我们从幼儿脸上发现了研究与制作的快乐和自豪。这提醒我们，要把成长的权利还给幼儿。

四、通过循环评价发现课程提升空间

主题课程质量的提升不是一蹴而就的。一次多元的评价可以优化当下的主题，但主题的优化需要循环评价。去年的主题结束后，我们又陆续收到许多评价信息。例如：测量树的活动结束后，有的幼儿在日志中写道："今天，我们用了很多方法来量树的高度，我们组挑了一棵很高的树，一开始牵着一只气球，因为风太大了，气球被吹跑了。后来，我们在线上装了很多气球，最后成功了，实在太开心了！"随着主题的深入，孩子们萌发了要种一棵树的愿望。有的班级很快筹到了钱，从网上买了树，在冬天种下了树。一名幼儿在日志中写道："为什么大（8）班种的树那么细，那么容易倒掉，是不是便宜没好货？我们能筹够钱吗？好想快点儿种下树。"

教师也有了反思，在主题开展记录表中写道："在调查'想种一棵什么树'时，孩子们认为幼儿园几乎有了所有的树种。第二学期存够钱，去花木城买树时才发现，原来还有许多他们不知道的树。我们下次可以去一回花木城，先丰富幼儿关于树多样性的经验，再考虑种什么树应该有更好的结果。"

主题结束后，班级家长问卷显示，96%的家长认为孩子在保护树的情感态度上有所改善。其中一位家长写道："孩子认识到要保护树木，上次幼儿园学习中心需要树枝，她爸爸没找到合适的树枝，准备从树上折几枝，她死活不肯，说要保护树木，不能伤害树木。"

期末，幼儿园向所有家长发放问卷调查，其中一个问题是请家长选择印象最深刻的主题课程，秋天的主题排在前三。

从以上评价信息中，我们看到了多方评价给主题课程带来的效果，也看到了进一步提升的空间。可见，用好评价，可以让课程充满生气，让幼儿过上快乐而有意义的生活。

（陈月文　浙江省绍兴市柯桥区中心幼儿园教育集团）

 美国教师专业标准中评价领域的内容

1. 知识。

（1）理解形成性和总结性评价在评价中的不同运用，并知道如何合理运用。（2）理解评价类型的范围和评价的各种目的，并知道如何设计、调整或是选择合适的评价来处理特定的学习目标和个体差异，从而减少偏差来源。（3）知道如何分析评价数据来理解学习中的模式和差距，来指导计划与教学，并给所有的学习者提供有意义的反馈。（4）知道何时与如何使所有的学习者参与分析他们自己的评价结果，帮助他们为自己的学习设定目标。（5）明白有效的描述性反馈对学习者的积极影响，并知道各种传达这种反馈的策略。（6）知道何时与如何评价和汇报学习者的进步。（7）知道如何使学生为评价做好准备，如何布置测试环境，特别是为有障碍和语言需要的学习者。

2. 能力。

（1）在适当时平衡形成性评价和总结性评价的运用，来支持、证实和记录学习。（2）设计与学习目标相匹配的评价，使能歪曲评价结果的偏差来源最小化。（3）能够独立或与其他教师合作，来检查测试和其他表现性数据，了解每位学习者的进步并指导计划。（4）使学习者理解并能界定有效任务，给他们提供有效的描述性反馈来引导他们进步。（5）作为评价过程的一部分引导学习者以多种方式来展示知识和技能。（6）使过程模式化和结构化，指导学习者检验他们自己的思维方式、学习和表现。（7）有效地使用多种、合适的评价数据来确定每位学生的学习需要，开发差异化的学习经验。（8）使所有的学习者为特定的评价形式做好准备，安排舒适的空间与测试环境，特别是为有障碍和语言学习需要的学习者。（9）不断地寻求合适的方法与技术来支持评价实践，使学习者更投入学习，评价和关注学习者的需要。

3. 意向。

（1）致力于使学习者积极地参与评价过程，开发每位学习者审视和交流他们自己进步和学习的能力。（2）有责任使教学、评价和学习目标保持一致。（3）致力于给学生提供有关他们进步的及时、有效的描述性反馈。（4）致力于运用多种评价方式来支持、界定和记录学习。（5）致力于安排好评价和测试环境，尤其是为有障碍和有语言学习需要的学习者。（6）致力于合乎伦理道德地使用各种评价及其数据，来确定学习者的长处和需求，以促进学习者的成长。

——《教育改革时代的学业测量与评价》

杨向东　黄小瑞　主编